Gewidmet der Erinnerung

an

LUDWIG LAUTH

Schulrat in Micheldorf
Oberösterreich
1902–1969

INHALT

DIE WELTFAMILIE: MICROTUS PENNSYLVANICUS

Am Rande der Missouriwälder und an den Ufern der Prärieflüsse
wächst ein Strauch, der in Nordamerika seinesgleichen nicht hat: die
Erdbohne oder, wie sie mit ihrem wissenschaftlichen Namen genannt
wird, Falcata comosa. Ihr dicht belaubtes Gezweige ähnelt der Wein-
rebe. Wie die Rebe benötigt auch die Erdbohne eine Stütze, um daran
emporzuklettern; fehlt sie, so verfilzen sich die dünnen Zweige zu
einem undurchdringlichen Gewirre von Ranken und Schlingern.

Sieht man näher zu, so zeigt der Falcatastrauch eine doppelte Gestalt: er wendet sich nach oben und unten, zum Himmel und zur Erde,
zum Tageslicht und zum Nachtdunkel. Zwei Arten von Zweigen,
zwei Arten von Blüten, zwei Arten von Früchten kennzeichnen diese
Doppelheit. Nach oben streben belaubte Ranken mit leuchtenden,
purpurfarbigen Kelchen und zwei Zentimeter langen Schoten, in denen drei bis fünf kleine Bohnen sitzen. Nach unten entläßt der Haupt-
stamm blattlose Schlinger, die dicht am Boden dahinkriechen und
ganz unauffällige winzige Blüten tragen. Diese Blüten treiben in den
Boden hinein Schoten mit einer einzigen großen Bohne, und eben von
dieser im Humus gedeihenden Bohne führt der Strauch seinen Namen.

Die Falcatabohne, aber eben nur die im Boden wachsende Frucht,
gehört zu den Lieblingsgenüssen der Indianer. Gekocht, gestampft
und mit Fleisch versetzt, erhebt sie jede Mahlzeit zu einem Festessen.
Jede indianische Hausfrau sucht im Herbst so viel einzuernten wie
möglich. Nur bleibt die Ernte, unmittelbar durch den Menschen
selbst, fast unmöglich, denn das dichte, kaum zerreißbare Geranke
und die Verborgenheit im Boden hindern jeden nennenswerten Er-
folg.

Die Indianer nützen deshalb die Arbeit eines Tiers, dem die Erdbohne ebenso schmeckt wie dem Menschen, der Wiesen- und Bohnenmaus, Microtus pennsylvanicus. Im Herbst trägt diese Maus massen-

weise die Falcata in ihre unterirdischen Kammern und überdauert mit diesen Vorräten den langen frostklirrenden Präriewinter. Das Ausheben des Baues lohnt also, und deshalb suchen die Indianer eifrig die Waldränder und Flußufer ab, um an dem Fleiß der Wiesenmäuse teilzuhaben.

Der Zeitgenosse wird diese Ausplünderung als Bestätigung seiner Weltauffassung werten. Der Kampf ums Dasein, das Recht des Stärkeren, die Macht als letzte Instanz – man kennt diese Fraglosigkeiten der darwinistischen Bildung[1]. Allein hier, bei der pennsylvanischen Wiesenmaus, kentert der zeitgenössische Realitatenwahn. Die Sache bekommt ein anderes Gesicht durch die Haltung der Indianer, die einen anderen Menschentyp mit anderen Wertungen und Auffassungen vor uns hinstellen.

Man darf, so erklären die befragten Angehörigen der Präriestämme, der Wiesenmaus nicht alle Bohnen wegnehmen: es sei Bosheit, das schwache und wehrlose Tier seiner sämtlichen Vorräte zu berauben. Man müsse vor der Suche Herz und Gemüt vorbereiten. Niemals dürfe das Gefühl für die Anerkennung der Rechte aller lebenden Dinge, Pflanzen und Tiere, verlorengehen. Man müsse Sinn haben für die gegenseitige Abhängigkeit alles Lebendigen, für die Verpflichtung des Menschen gegenüber der ganzen Natur und allen geheimnisvollen Mächten. Wer auf diese Suche gehe, dürfe nur gute Gedanken denken und habe jedes boshafte und bittere Gefühl abzulegen. Und besonders solle er denken an seine Schuld gegenüber der Bohnenmaus, von der er solche Gunst erbitte.

Der Indianer nähert sich also den Vorräten des Tiers nicht als Räuber, sondern mit der Bitte, einen Teil der Vorräte abzugeben. Gilmore, dem wir diese Nachrichten verdanken[2], bemerkt, er habe bei sämtlichen Präriestämmen ein starkes Gefühl der Zuneigung für das kleine Tier gefunden. Immer wieder sei ihm versichert worden: „Die Bohnenmäuse sind sehr fleißige Leute, sie helfen sogar den Men-

---

[1] Vergleiche für ein wirklichkeitsgetreueres Bild das schöne Buch von William Joseph Long: Friedliche Wildnis. Berlin 1959.

[2] Melvin Randolph Gilmore: The Ground Bean and its Uses. Indian Notes vol. 2 (1925), 178–187. Von mir zum ersten Male behandelt in einem Antaios-Aufsatz: „Schwester Sonne und Bruder Mond". Antaios Bd. 7 (1966), 528–536. Das unten folgende Zitat zur indianischen Auffassung vom Universum bei Gilmore: Prairie Smoke. New York 1929, 74.

schen." Niemals nehme ein Indianer Früchte weg ohne Gegengabe. Er lege dann an ihre Stelle Mais, Speck oder Fett, und so hätten die Mäuse doch auch einen Nutzen von dem verschwundenen Teil ihres Unterhalts.

Die Indianer betrachten die Arbeit der Maus mit Bewunderung und Ehrfurcht. Im Herbst, wenn die Fäden des Indianersommers über das Land wehen, wandern die Leute oft allein hinaus und setzen sich bei einer solchen Vorratskammer auf ein stilles Plätzchen, dankbar nachsinnend über die Mysterien des Lebens.

Ein Teton-Dakota von der Standing Rock-Reservation, der sich bei einer solchen Herbstsuche unbeobachtet glaubte, flüsterte folgendes Gebet, ehe er sich an das Ausgraben einer Vorratskammer machte: „Du, die du heilig bist, habe Mitleid mit mir und hilf mir, ich bitte darum. Du bist nur klein, aber doch groß genug, deinen Platz in der Welt auszufüllen. Du bist freilich schwach, aber doch stark genug für deine Arbeit, denn heilige Mächte stärken dich. Du bist auch weise, denn heilige Weisheit ist ständig bei dir. Möge ich immer weise sein in meinem Herzen, denn wenn heilige Weisheit mich leitet, dann wird sich dieses schattenverwirrte Leben in beständiges Licht verwandeln." Nach diesem Gebet begann er zu graben.

Wer sich auch nur einen Funken menschlicher Wärme bewahrt hat, wird angerührt werden von dieser wildfremden Welteinstellung, auch dann, wenn ihm vorerst der Grund dieser Andersartigkeit verschlossen bleibt. Man stelle sich nur das Benehmen des normalen Zeitgenossen im gleichen Falle vor, und man erfaßt den ganzen Gegensatz: wie er darauf losschaufelt, das geängstigt hin und her huschende Tier mit dem Spaten erschlägt, die Bohnen in einen Sack füllt und davongeht, tief befriedigt, einem „Schädling" das Lebenslicht ausgeblasen zu haben. Setzen wir noch den – allerdings unwahrscheinlichen – Fall hinzu, diesem Kulturträger käme zu Ohren, wie sich die Indianer bei der Beraubung der Wiesenmaus verhielten, so dürfen wir noch eine Reihe erlesener Flüche und ein geringschätziges Lachen hinzufügen, um das Muster zeitgenössischer Bildung abzurunden. Aber stellen wir diese Verrohung vorerst beiseite und kehren wir zu der indianischen Weltauffassung zurück.

Ganz offenbar beruht sie, und damit natürlich auch die Geschichte unserer Wiesenmaus, auf der durchdringenden Überzeugung eines Verbandes alles Lebendigen, einer Gleichberechtigung aller Lebewesen. „Die Rechte aller lebenden Dinge, Pflanzen und Tiere", „die gegenseitige Abhängigkeit alles Lebendigen", der vorbestimmte „Platz in der Welt" – diese Stichworte sind oben bereits gefallen.

Der genannte Gilmore, der unter den amerikanischen Ethnologen die indianische Gedankenwelt erfaßt hat wie kaum ein zweiter, legt seine Eindrücke von den Auffassungen der Uramerikaner in folgenden Sätzen nieder. „Der Indianer begreift das Universum als eine lebendige, einige Gemeinschaft. In ihr haben alle Lebewesen, Pflanzen, Tiere und Menschen, vom kleinsten und unscheinbarsten bis zum größten und bedeutendsten ihren festen Ort, auch die Geistwesen, die Elemente und Mächte der Erde und des Himmels. Der Mensch als eine der vielen Formen des Lebens in dieser universalen Gemeinschaft steht in vitaler Wechselwirkung mit allen anderen."

Hier wird der Kern des indianischen Heidentums erfaßt, und diese Botschaft klingt anders als Genesis I, 26, wonach die Menschen herrschen sollen über die Fische im Meer und über die Vögel am Himmel und über das Vieh und über alle wilden Tiere und über alles Gewürm, das auf der Erde umherkriecht. Dieser Freibrief für die zivilisatorische Herrschsucht und das indianische Verwandtschaftsgefühl bis zu den Grenzen des Universums stehen meilenweit auseinander.

Man kann kaum eine Monographie über die nordamerikanischen Urvölker aufschlagen, ohne auf die Wirklichkeit der Weltfamilie zu stoßen. Allenthalben gilt der Mensch als Verwandter der Welterscheinungen, wobei der Ring des Lebendigen weit über das Biologische hinausreicht. Folgerichtig kündigen die Sioux die Geburt eines Kindes dem Kosmos an, denn die „Welt" muß erfahren, daß ein neues Leben geboren wurde und seinen Ort im Kreis der lebendigen Wesen erbittet.

Ho! Sonne, Mond und Sterne, ihr alle, die ihr im Himmel wandert,
Ich bitte euch, hört auf mich!
In eure Mitte ist ein neues Leben gekommen.
Stimmt zu, ich flehe euch an!
Macht seinen Pfad glatt, damit es den Rand des ersten Hügels erreicht!
Ho! Ihr Winde, Wolken, Regen, Nebel, die ihr alle in den Lüften
    wandert,
Ich bitte euch, hört auf mich!
In eure Mitte ist ein neues Leben gekommen.

Stimmt zu, ich flehe euch an!
Macht seinen Pfad glatt, damit es den Rand des zweiten Hügels erreicht!
Ho! Ihr Hügel, Täler, Flüsse, Seen, Bäume, Gräser, ihr alle auf der
   Erde,
Ich bitte euch, hört auf mich!
In eure Mitte ist ein neues Leben gekommen.
Stimmt zu, ich flehe euch an!
Macht seinen Pfad glatt, damit es den Rand des dritten Hügels erreicht!
Ho! Ihr Vögel groß und klein, die ihr fliegt in der Luft,
Ho! Ihr Vierfüßler groß und klein, die ihr wohnt im Wald,
Ho! Du kleines Gewürm, das da kriecht im Grase und gräbt im Grund,
Ich bitte euch, hört auf mich!
In eure Mitte ist ein neues Leben gekommen.
Stimmt zu, ich flehe euch an!
Macht seinen Pfad glatt, damit es den Saum des vierten Hügels erreicht!
Ho! Ihr alle im Himmel, in der Luft und auf Erden:
Ich bitte euch alle, hört auf mich!
In eure Mitte ist ein neues Leben gekommen.
Stimmt zu, stimmt zu, ihr alle, ich flehe euch an!
Macht seinen Pfad glatt, damit es ungehindert wandern mag über die
vier Hügel![3]

Ohne Umschweife gilt hier das Kind als Bruder und Schwester von
Sonne, Mond, Sternen, Winden, Wolken, Regen, Nebeln, Hügeln, Tä-
lern, Flüssen, Seen, Bäumen, Gräsern, Vögeln, Vierfüßlern, Wür-
mern – eine unabsehbare Familie alles Laufenden, Kriechenden, Flie-
genden, Atmenden und Wirkenden. Derartige Zeugnisse begegnen in
der Indianerliteratur auf Schritt und Tritt: es ist der Glaube des vor-
europäischen Nordamerika. So notierte ein moderner Reisender als
Summe seiner Eindrücke im Navaholand:

Noch heute glauben die Indianer hier,
Daß alles um sie herum brüderlich zusammenhängt,
Ob Stein, ob Blatt, ob Tier.
Und ferner meinen sie, daß Geist von allen Menschen,

[3] Alice Cunningham Fletcher and Francis La Flesche: The Omaha Tribe.
27. Annual Report of the Bureau of American Ethnology 1905/06. Washington
1911, 115f.

Die mit uns gewacht,
Stets bei uns ist
An jedem Tag, in jeder Nacht. [4]

Es ließen sich Bücher füllen, nicht nur mit den Urkunden dieser Weltsicht, sondern auch mit ihren Wirkungen. So wissen die kanadischen Indianermythologien von einem Zeitalter, da Menschen und Tiere miteinander sprechen konnten. Unverkennbar der schmerzlich-resignierte Ton, mit dem die Abenaki in Neuengland von diesem goldgetönten Ur berichten. Auf einer letzten Ratsversammlung am Minas-See nahm der große Betreuer von Menschen und Tieren, der Kulturheros Gluskap, der indianische Herkules, Abschied von seinen Kindern. Er bestieg ein Boot und paddelte singend dem Sonnenaufgang zu. Als sie ihn nicht mehr sehen konnten, hörten sie ihn noch, bis seine Stimme schwächer und schwächer wurde und schließlich ganz dahinstarb. Da befiel alle Versammelten ein tiefes Schweigen, und plötzlich geschah ein Wunder, denn bis dahin hatten sie *eine* Sprache gesprochen, doch jetzt verstand niemand mehr den anderen. Voller Verwirrung trennten sie sich und kamen niemals mehr zu einer Ratsversammlung zusammen [5].

Etwas von diesem uralten brüderlichen Verhältnis bestimmt noch heute das Leben der nördlichen Jäger und Sammler in Kanada. In den Erinnerungen Alexander Henrys, eines aus New Jersey stammenden Pelzhändlers, lesen wir dazu bezeichnende Erlebnisse [6]. Er geriet zu Beginn des Pontiacaufstandes im Juni 1763 in die Gefangenschaft der Odschibwä am Oberen See. Ein befreundeter Häuptling namens Wawatam rettete ihn vor dem Tomahawk. In dessen Familie verbrachte er das folgende Jahr, bis er im Sommer 1764 in das zivilisierte Leben zurückkehren konnte.

Im Januar jenen Jahres jagte er mit seiner Adoptivfamilie am Südufer des Michigansees. Henry entdeckte eine gewaltige Kiefer von 5 ½ m Umfang, in deren hohlem Stamm eine Bärin ihr Winterquartier hatte. Man beschloß, den Riesenbaum zu fällen und die Bärin zu

---

[4] Fredrik Hetman: Die Spur der Navahos. Leben und Geschichte eines indianischen Volkes. Recklinghausen 1969, 146.

[5] Charles G. Leland: The Algonquin Legends of New England. London 1884, 67.

[6] Alexander Henry: Travels and Adventures in Canada and the Indian Territories. Edited by James Bain. Toronto 1901, 135 ff.

schießen. Nach 1 ½ Tagen schwerster Arbeit fiel der Stamm; das vom Winterschlaf halb betäubte Tier kroch aus der Öffnung, und Henry traf es mit seiner Flinte tödlich. Da trat die alte Mutter an die Beute heran, nahm den Kopf in beide Hände, streichelte und küßte ihn und entschuldigte sich tausendmal bei der *Großmutter Bärin*, weil sie ihr das Leben genommen hätten.

Später in der Hütte wurde der Kopf des Tieres besonders geehrt, auf eine neue Decke gesetzt und mit Armreifen, Wampumketten und sonstigem Schmuck geputzt. Dann hielt Wawatam eine Rede auf die Bärin, die zu Henrys Erstaunen streckenweise an eine Trauerrede erinnerte, die einem kürzlich verstorbenen Familienmitglied galt. Wawatam beklagte lebhaft die Notwendigkeit, seine „Freunde" töten zu müssen, allein dieses Unglück wäre unvermeidlich, da die Menschen sonst verhungern müßten.

Dieses Du-Gefühl beschränkt sich bei unseren Indianern nicht auf das frei bewegliche Leben, es bezieht auch das Elementarische mit ein („ob Stein, ob Blatt, ob Tier"), ja es steigert sich zur Weltverschmelzung. Der Mensch löst sich auf in die Brüderlichkeit der Erscheinungen, er gerinnt zur Tier-, Pflanzen- und Elementenseele.

Da ging eines Tages ein alter Delaware mit seiner Frau in den Wald, einen Baum zu fällen. Als der Stamm zu schwanken begann, sprang er auf ihn zu, als wollte er ihn umfangen, und ward nicht mehr gesehen. Seine Frau vernahm eine Stimme, er werde zurückkommen, sobald die Seinen ihn brauchten[7].

Das gleiche Erlebnis schwingt auch in dem folgenden Traumgesang eines Ottawaindianers:

> Ich bin es, der in den Winden wandert,
> Ich bin es, der in der Binse flüstert,
> Ich schüttele die Bäume,
> Ich schüttele die Erde,
> Ich wühle allenthalben die Wasser auf.[8]

Solchen Urgesang singt auch Walt Whitman, und es ist, als erhebe in ihm der Kontinent noch einmal seine Stimme, gewaltig und eindringlich:

---

[7] Richard C. Adams: Legends of the Delaware Indians and Picture Writing. Washington 1905, 15.

[8] George Copway: Recollections of a Forest Life. London 1850, 40.

Hervor aus der Masse des rollenden Ozeans gelangte heimlich zu mir
  ein Tropfen
Und flüsterte: ‚Ich liebe dich, bevor ich für lange sterbe.
Einen langen Weg habe ich zurückgelegt, einzig um dich anzublicken
  und dich zu berühren;
Denn ich konnte nicht sterben, bevor ich dich nicht ein einziges Mal
  gesehen;
Denn ich fürchtete, ich könnte dich nachher verlieren!‘
Nun, wir sind uns begegnet, wir haben uns gesehen, wir sind wohl-
  behalten,
Kehre in Frieden zum Ozean zurück, mein Geliebtes;
Auch ich bin ein Teil dieses Ozeans, mein Geliebtes;
Wir sind nicht so weit voneinander getrennt![9]

In diesem Gedanken der Weltfamilie pulsiert die Lebenszelle des indianischen Heidentums, und wie Walt Whitman zeigt, nicht nur des indianischen Heidentums. Nichts unter den Folgerungen dieses Gedankens trägt weiter als die Auffassung von der *Vollständigkeit des Kosmos*. Sind alle Welterscheinungen Brüder, dann darf keine im Ring der Weltfamilie fehlen. Fällt auch nur eine einzige aus, so verkrüppelt die Bruderschaft, denn sie besitzt dann keine vollständige Gestalt mehr.

Wie immer in den Gedankenordnungen natursichtiger Völker hat diese Vorstellung von der notwendigen Vollständigkeit des Kosmos auch eine praktische Seite. Hier wurzelt ein religiös begründeter Naturschutz, weil für den Indianer die Weltbrüderschaft unverletzlich bleibt.

Das beginnt schon bei der Kindererziehung. „Reiße die Blumen auf der Prärie und im Wald nicht sinnlos ab. Tust du es, dann bekommen die Blumen keine Kinder (d. h. keinen Samen), und bleiben die Blumenkinder aus, dann gibt es in einiger Zeit keine Blumenstämme mehr. Und sterben die Blumenstämme aus, wird die Erde traurig. Die Blumenstämme und alle anderen Stämme lebender Wesen haben ihre besonderen Plätze in der Welt, und die Welt wäre unvollständig und unvollkommen ohne sie.“

---

[9] Ich folge hier der mustergültigen Übersetzung von Johannes Schlaf: Grashalme. Rottenburg/N. 1949, 34 f. mit leichten Abwandlungen der letzten Zeile.

Eben deshalb brechen die Prärieindianer keine Blüten, um sich damit zu schmücken; sie bewundern die Blumen in ihrem Naturzustand, aber sie pflücken sie niemals[10].

An diese Unverletzlichkeit der Erde und ihrer Kinder wäre nun noch eine weitere Beobachtung anzuschließen. Wir müssen dazu etwas ausholen. Die liebende Ehrfurcht umfaßt innerhalb der kosmischen Verwandtschaft, die bis zu den Sternen reicht, auch die Erde selbst. „Sie halten die Erde für einen lebendigen, bewußten Organismus", erklärt Gilmore. Immer wieder beschwören indianische Äußerungen die allgemeine Mutter als Person:

> Die Erde liebt uns,
> Sie freut sich, wenn sie uns singen hört![11]

Gras, Kräuter und Bäume sind ihre Haare, der Wind ist ihr Atem, der wogende Ozean ihr schlagendes Herz. Wir stehen auf dem klagenden Haar der Mutter-der-ganzen-Erde. Der Tote muß ihren Anblick verlassen; er sieht nicht mehr, wie sie ihren Körper grün macht, weil er in seiner Mutter Leib zurückgeht[12].

Hier wird die Ursprache des Kontinents gesprochen, denn genau so hallt es aus Henry Thoreaus Waldenbuch wieder. „Ein See ist der Erde Auge. Wer hineinschaut, mißt die Tiefe seines eigenen Wesens. Die Bäume, die das Ufer einrahmen, sind seine schlanken Wimpern, die waldigen Hügel und Klippen gleichen den schützenden Augenbrauen."[13]

Die Erde spricht nicht mit menschlicher Stimme, sondern mit ihrer eigenen, mit Morgenröten, Wolkenlandschaften, Regenschauern, Wäldern und Wüsten:

---

[10] Gilmore: Prairie Smoke, 35. Das folgende Zitat von der Erde als lebendigem Organismus ebendort 74.

[11] Aus einem Gesang der Schwarzfüße bei der Öffnung eines Bibermedizinbündels. Walter McClintock: The Old North Trail or Life, Legends and Religion of the Blackfeet Indians. London 1910, 79.

[12] Formulierungen aus den Totenliturgien der Fox und den Medizinhüttenlehren der Prärie-Potawatomi. Nachweise bei Werner Müller: Glauben und Denken der Sioux. Berlin 1970, 235.

[13] Walden or Life in the Woods. Deutsche Übersetzung von Wilhelm Nobbe. Jena 1922, 187.

Alles was lebt, ist ihr Lied,
Alles was stirbt, ist ihr Lied.
Auch der Wind, der da weht, ist ein Erdlied,
Und die Erde will alle ihre Lieder singen. [14]

Als Gouverneur Harrison auf der Ratsversammlung von Vincennes (August 1810) dem Freiheitshelden Tecumseh einen Stuhl anbot, lehnte Tecumseh ab: „Die Erde ist der passende Sitz für die Indianer, sie ruhen am liebsten auf der Brust ihrer Mutter." [15]

Und damit sind wir bei unserem besonderen Anliegen. Denn von hier aus und nur von hier aus wird die Abneigung der amerikanischen Urvölker gegen die Pflugkultur der Weißen begreiflich. Auch die Indianer bearbeiteten den Boden, wenigstens zahlreiche Stämme südlich der Großen Seen, jedoch nur mit Hacken.

Die Krume wurde ein wenig aufgelockert und dann im Abstand von etwa einem Meter zu Erdhügelchen zusammengescharrt, in die man sechs oder sieben Maiskörner versenkte. In die Zwischenräume setzte man Kürbisse. Ganz geschickte Feldbauern ließen an den Maisstengeln auch noch Bohnen emporranken, so daß jedes Feld Mais, Kürbis und Bohne trug, die „drei Schwestern", wie sie die Irokesen nannten. Dieser Hackbau ergab sehr beachtliche Ergebnisse, auch ohne den Pflug.

Das scharfe Eisen, tief eingreifend und mächtige Schollen wendend, erweckte dem Indianer Grausen. Wie kann man nur die Brust seiner Mutter mit einem Messer aufschneiden, mit einer eisernen Pflugschar aufreißen – diesen Einwand bekamen die Weißen immer wieder zu hören.

An eben dieser Stelle entzündete sich der Widerstand gegen die Entwicklung des Bodenbaues. Das naserümpfende Urteil der Prähistoriker, die nacheiszeitlichen Kulturen Amerikas hätten *nie* aus eigener Kraft den Pflug entwickelt, enthält den Vorwurf der technischen Blödsichtigkeit deutlich genug. Allein die Ursache solchen Widerstands, die Unverletzbarkeit der mütterlichen Brust, geht wohl über

---

[14] Aus der Volksmusik der Dakota, Lied auf die Wildrose. Gilmore: Uses of Plants by the Indians of the Missouri River Region. 33. Annual Report of the Bureau of American Ethnology 1911/12. Washington 1919, 86.

[15] Benjamin Drake: Life of Tecumseh. Cincinnati 1841, 126.

16

das Fassungsvermögen des homo faber hinaus. Die wissenschaftliche Exaktheit kennt keine metaphysischen Ursachen.

Man kann sich vorstellen, wie das Vorrücken der Amerikaner aus dem atlantischen Streifen jenseits der Alleghanies auf die Urvölker des Kontinents gewirkt hat. Das plötzliche Erscheinen eines handelnd und ehrfurchtslos eingestellten Menschentyps, der den Wald niederschlug, die Tiergeschlechter ausrottete, die Urstille mit dem Lärm seiner Maschinen vernichtete – wieviele Male mögen indianische Hirne darüber gegrübelt haben, woher diese Leute kamen? Und wie oft hat der Kontinent durch indianischen Mund seine Klage erhoben?

DAS WELTENTZÜCKEN ZERSTIEBT:
BISON AMERICANUS

Ein Gemeinplatz unserer Kulturkritik bezeichnet den Menschen als Störung des Lebens, den Menschen schlechthin. Mit Verlaub: dieses störende Element ist genau einzuengen. Es ist der europäische Mensch, der seit seinem Ausbruch aus dem – die übrige Welt schützenden – Gatter die anderen Kontinente mit einem ätzenden Schleim überzieht. Der Europäer, mag er nun körperlich auftreten wie in Amerika oder geistig wie in Asien, wirkt wie eine ansteckende Krankheit. Unter seinem Giftatem sterben die in Jahrzehntausenden gewachsenen Gemeinschaften dahin: Pflanzen, Tiere, Naturvölker.

Wir sahen am Beispiel der nordamerikanischen Stämme, welch' völlig fremde Weltsichten der homo europaeus in anderen Erdteilen antraf, ihm so unverständlich wie seine Mordlust den Geopferten unverständlich blieb. Der Saukhäuptling Kenekuk hat um 1840 dem Entsetzen Stimme verliehen, das die Geborenen des Bodens angesichts des „behaarten Mannes" aus dem Osten erfaßte.

„Die Weißen verderben unser Land, sie machen die ganze Natur seufzen. Sie schneiden die Kräuter mit langen Messern, sie verderben die Kräuter, und die Kräuter weinen. Sie töten die Bäume mit mörderischem Eisen, sie tun den Bäumen unrecht, und die Bäume weinen. Sie reißen die Eingeweide der Erde auf, sie tun der Erde weh, und die Erde weint. Sie vergiften das Wasser unserer klaren Flüsse und machen es trübe, die Fische sterben, und die Fische und Flüsse weinen. So seht ihr: die Fische und Flüsse weinen, die Bäume weinen, die Erde weint, die Wiesenkräuter weinen – ja die ganze Natur machen die Weißen seufzen. Oh, die Undankbaren! Auch sie wird Strafe ereilen!"[16]

---

[16] Johann Georg Kohl: Reisen im Nordwesten der Vereinigten Staaten. 2. Aufl. St. Louis 1859, 497.

18

Die Klage wiederholt sich bis heute. Ein alter Omaha äußerte zu dem bereits erwähnten Ethnologen Gilmore: „In meinen jungen Jahren war das Land schön. In den Flußauen wuchs Wald: Baumwollebäume, Ahorne, Ulmen, Eichen, Hickorys, Walnüsse und viele Arten mehr. Da wuchsen im Unterholz Reben und Büsche, und noch eine Stufe tiefer gediehen viele gute Kräuter und Blumen. Wald und Prärie waren durchzogen von Wildpfaden, und überall sangen Vögel. Wo ich auch ging, erblickte ich die mannigfaltigsten Formen des Lebens, von Wakanda an ihren Ort gesetzt. Die Tiere gingen, flogen, sprangen, liefen und spielten herum. Aber nun ist das Gesicht des Landes verwandelt und voller Trauer. Die lebenden Wesen sind dahin. Ich sehe das Land verwüstet, und mich drückt unsäglicher Kummer. Manchmal wache ich nachts auf, und dann meine ich ersticken zu müssen unter dem Druck dieses fürchterlichen Gefühls der Einsamkeit."[17]

Übersetzt man solche Sprache des Herzens in nüchterne Zahlen, dann sieht man sich folgenden Angaben gegenüber. Die amerikanische Regierung schickte 1847 den Geologen David Dale Owen nach Minnesota und Wisconsin, um die Bodenschätze und wirtschaftlichen Möglichkeiten dieser künftigen Territorien und Staaten zu erkunden. Diese Anrainerländer des Mississippi waren damals noch menschenleere Weiten, in denen sich die Ureinwohner völlig verloren. Zahllose Seen, Flüsse und Bäche verteilten kristallklares Wasser bis in den letzten Winkel, und die Luft durchwürzte der Duft ungeheurer Fichtenbestände, etwa $^2/_3$ der Bodenfläche. Aber am St. Croix traf Owen bereits fünf Sägemühlen an, die in der vergangenen Saison sieben Millionen und 700000 Fuß Bretter, sechs Millionen Latten, 100000 Schindeln und noch 15000 unzersägte Stämme auf den Markt gebracht hatten, als eine Mississippi-abwärts bequem zu verhandelnde Ware. Owen berechnete die Entwaldung Wisconsins auf 5000 Acres, bzw. 20 Quadratkilometer je Jahr[18]. Angesichts solcher Wüsteneien von Baumstümpfen darf man ohne weiteres davon sprechen, daß die Amerikaner den Kontinent nicht erschlossen, sondern liquidierten.

[17] Gilmore: Prairie Smoke, 36. Baumwollebaum, die amerikanische Bezeichnung der Pappel.

[18] David Dale Owen: A report of a geological recoinnoissance of the Chippewa land district of Wisconsin. Washington 1848. Senate Executive Document 57. 30th Congress 1st Session, Seite 71.

Ungeheuerlichstes Zeichen dieser Vernichtungswut bleibt die Ausrottung des Bisons. Zwischen 1650 und 1750 weideten Büffelherden fast im gesamten Kontinent, vom Felsengebirge bis zum atlantischen Saum, vom kanadischen Sklavensee bis tief hinein nach Mexiko. Man unterschied zwei Arten, den gewöhnlichen Bison bison oder Bison americanus, dessen männliches Tier Gewichte bis zu 18 Zentner erreicht, und den schwächeren Wald- oder Bergbison, Bison bison athabascae an den Hängen der Rocky Mountains. Besonders auf den Graseebenen des Westens muß die Zahl der Tiere jede Vorstellung überstiegen haben, während sie im Waldland zwischen Mississippi und Atlantik offenbar im langsamen Vordringen begriffen waren. Für 1800 schätzt man die Zahl der Bisonten in ganz Nordamerika auf 50 Millionen Stück[19].

Die Berichterstatter des 18. Jahrhunderts ringen nach Worten, die Mächtigkeit dieser Tiervölker begreiflich zu machen. „Unzählige", „unermeßlich", „ungeheuer", „Millionen", solche Ausrufe kehren immer wieder. Sie sind natürlich nicht statistisch zu werten, sondern nur als Nachhall ungläubigen Staunens. Was noch Jahrzehnte nach dem Zerstieben dieser Fülle an Geschichten und Anekdoten im Lande kursierte, steigerte die Eindrücke der Pioniere in babylonische Ausmaße.

So sprach Thomas Ashe auf seiner Alleghany-Reise 1806 einen Siedler aus der Nordwestecke Pennsylvaniens. Der Mann erzählte, er habe als erster sein Blockhaus an einer Salzquelle in der Nähe des heutigen Clarion gebaut. In den beiden Anfangsjahren habe er niemals weniger als 10 000 Bisonten in der Umgebung der Lecke beobachtet[20].

Das dürfte reichlich übertrieben sein, auch wenn man die besondere Anziehungskraft des salzgeschwängerten Bodens bedenkt. Allein solche fünfstelligen Zahlen geben nur die Verblüffung wieder, die jene Pioniere beim Betreten des Landes westlich der Alleghanies erfaßte.

---

[19] Vertrauenswürdigste Schätzung bei Ernest Thompson Seton: Life-Histories of Northern Animals. New York 1910, vol. 1, 259 und 292. Seton geht vom Umfang des Bisonterritoriums aus mit drei Millionen Quadratmeilen und berechnet die Zahl der Pferde, Rinder und Schafe, die dieses Gebiet 1910 trug. Er kommt unter den verschiedensten Blickwinkeln immer wieder auf die genannte Grundzahl.

[20] Thomas Ashe: Travels in America, Performed in the Year 1806. London 1808 vol. 1, 97f.

Sie kamen ja aus Gegenden, die längst ausgewildert waren und deren Tierbestände nur einen Hauch der einstigen Fülle darstellten.

Als die Amerikaner 1769 unter Führung Daniel Boones in das heutige Kentucky eindrangen, muß das „Land des grünen Rohres" mit seinem Tierreichtum selbst diesen erfahrenen Jägern die Sprache verschlagen haben. Im Rückblick auf seine Eindrücke an der berühmten Blauen Lecke schreibt John Filson: „Ich hörte einen Jäger versichern, er habe über 1000 Bisonten auf einmal an den Blauen Lecken gesehen, so zahlreich waren sie, bevor die ersten Siedler sie gewissenlos abknallten... Die erstaunlichen Herden von Büffeln, die sich an diesem Orte (d.h. an der Salzlecke) versammelten, erfüllten den Wanderer durch ihre Größe und Zahl mit Bestürzung und Schrecken, besonders auch die schier unglaublichen Wege, die sie von allen Seiten hierher gebrochen hatten."[21]

Boone selbst bezeugt für die Red River-Region in Kentucky, er habe dort mehr Büffel zu Gesicht bekommen als Kühe im dicht besiedelten Land. Die Tiere hätten gar keine Furcht vor dem Menschen gehabt. Trupps von Hunderten wären nicht selten gewesen, und bei den Salzquellen habe ihre Zahl alle Begriffe überstiegen[22]. Kentucky war damals unbewohnt, Indianer durchstreiften das Land nur auf Jagdzügen.

Friedrich von Gagern hat in seinem „Grenzerbuch" ein unvergeßliches Bild der Kentuckyschen Urlandschaft entworfen, eben für das Jahr 1769, da Daniel Boone mit seinen Gefährten durch das Cumberlandgap in das Grüne Rohr eindrang[23].

„Eines Abends, endlich nach monatelanger Wanderung, sahen die Männer das verheißene Land weit hinaus gehügelt vor sich liegen: ein unermeßlicher, unbegrenzt in blaue Dunstferne verdämmernder Park, unter dessen mächtigen breiten Einzelbäumen, Hickorys und Weißulmen, Weiß- und Färbereichen, Gelbeichen und Dattelpflaumen, Zuckerahornen und Sykomoren das berühmte Rohr mannshoch in

---

[21] John Filson: The Discovery and Settlement of Kentucke. Reprint Ann Arbor 1966, 27 und 32f. (March of America Facsimile Series Nr. 50).

[22] Nach William T. Hornaday: The Extermination of the American Bison. Annual Report of the Board of Regents of the Smithsonian Institution for the Year 1887, pt. 2. Washington 1889, 388.

[23] Friedrich von Gagern: Das Grenzerbuch. Von Pfadfindern, Häuptlingen und Lederstrümpfen. 72.–80. Tausend. Hamburg und Berlin 1954, 171 ff.

Schwaden stand, von sanften Wellen schattig überschauert wie Hafer-
saat im rieselnden Frühsommerwind. Beißender Anhauch strenger
brünstiger Witterung schlug in den quellenden Pflanzenduft der lieb-
lichen Wildnis; große Tierstimmen riefen geheimnisvoll aus den Tie-
fen unberührter Landschaft... Das war Kentucky. Und doch nur der
Vorhof des innersten Garten Eden.

Auf breiten Büffelstraßen im Rohr wanderten die Jäger ostwärts bis
an den Licking River, den Leckenfluß, dessen Wasser ihren Salzge-
schmack noch in den Ohio hineintragen. Myriaden dunkeldumpfer
Bisonten dröhnen um sie her im grünen Halm unter den Sykomoren
und mandelduftenden Sperberbäumen des Parkwaldes. Völker von
Elkhirschen ziehen vor ihnen, hinter ihnen die ausgetretene Bahn, gefolgt von der glühäugigen Meute allgegenwärtiger Wölfe; Eichen
und Ulmen flammen metallisch in purpurner Bronze unzähliger Trut-
hühner. Biblische Wunderschwärme bunter virginischer Wachteln laufen vertraulich vor den reisenden Männern hin, streichen die immer
breiter wachsende Heerstraße voran. Und dann kommt die große
Stunde.

Das Rohr weicht zurück. Andere Tierwege münden herein, von
allen Seiten her, viele Hunderte. Die Bäume hören auf. Das Rohr verschwindet, verliert sich. Die Straße ist Fläche geworden, überragt von
wenigen düsteren Felstrümmern. Stundenweite Fläche, bar jeden
Wuchses; rundum festgetretene Tenne, mitten zerstampfter Schlamm,
durchsumpft von Harn und Lake. Und von Aufgang bis Niedergang
ein Kommen und Ziehen, Wechseln und Sammeln unabsehbarer Völ-
kerscharen des Wildes, dunkel wandernde Büffelwuchten, lebendige
Zackenwälder aneinanderklappernder Geweihe. Tausende stellen sich
ein, Tausende trollen ab, Zehntausende bedecken den Plan. Hoch über
ihren Massen schweben aashungrig die Trutgeier, auch sie in Schwär-
men. Die Erde bebt, die Luft erzittert von Gebrüll, Flügelschlägen,
brauendem Tierdunst. Das ist der Lick: die Lecke."

Wenige Jahre später, und die ungeheure Lebenswoge, die an das
Herz der Pioniere schlug, war zerstoben. F. A. Michaux meldet schon
1802, kurze Zeit nach der Besiedlung Kentuckys durch die Weißen
seien mehrere Tierarten ganz verschwunden gewesen, vor allem
Wapiti und Bisonten[24]. Dazu trug allerdings auch der furchtbare Win-

---

[24] Michaux nach Frank Gilbert Roe: The North American Buffalo. A Critical

ter 1779/80 bei, der von Mitte November bis Ende Februar ganz Kentucky unter Schnee und Eis begrub. Die armen Tiere kamen in ihrer Not so nahe an die Siedlungen, daß sie von den Haustüren aus geschossen werden konnten. Tausende verhungerten und erfroren. Wenn Thomas Ashe 1806 für das gesamte Gebiet östlich des Mississippi feststellt, es gebe dort keine Bisonten mehr, so trifft dieses Pauschalurteil für Kentucky sicher zu.

Mit der gleichen Schnelligkeit vollzog sich das Verhängnis auf den großen Grasebenen des Westens. Mit dem Übergang dieses Riesengebietes an die USA im April 1803 begann auch hier eine schonungslose Anzapfung der Bestände. Schon 1823 ruft Edwin James in seinem Bericht über die Longsche Expedition nach gesetzgeberischen Maßnahmen, um die zügellose Vernichtung der wertvollen Tiere durch weiße Schießer zu stoppen, Tausende würden jährlich umgebracht, allein der Zungen wegen[25].

Er teilt an dieser Stelle seines Reports noch die Beobachtung mit, die Bisonten vermieden die weißen Handelsposten und Ansiedlungen, während sie sich den indianischen ohne Scheu näherten. Dieses sei, so meint James, die Folge des rohen Ausrottungskrieges, den die Weißen gegen sämtliche Wildtiere führten, und dieser Ausrottungskrieg hafte an ihnen wie ein entsetzlicher Gestank.

Ein Vorzeichen kommenden Unheils brachte dann der kalifornische Goldrausch, der Abertausende quer durch die Prärie nach dem gelobten Land in Marsch setzte entlang der Plattelinie. Rechts und links des Weges wurde geschossen, was bei der Eile der Reise erreichbar war. Bereits 1849 mieden die Büffel diese fatale Strecke. Allan Varner erblickte im Mai des genannten Jahres auf einer Fahrt nach Fort Laramie die ersten Büffel bei den Forks des Platteriver. Es war eine Herde von 17 Stück[26].

Die Trennung in eine nördliche und südliche Bisontenabteilung

Study of the Species in Its Wild State. Toronto 1951, 233. Die Winterkatastrophe von 1779/80 ebendort 235. Ashes Urteil für 1806 a.a.O. vol. 1, 100.

[25] Edwin James: Account of an Expedition from Pittsburgh to the Rocky Mountains. Reprint Ann Arbor 1966, vol. 1, 482. (March of America Facsimile Series Nr. 65.)

[26] Persönliche Mitteilung an Hornaday: The Extermination of the American Bison, 491. Für das Folgende Hornaday 490 ff. und Roe: The North American Buffalo, 416 ff. und 447 ff.

wurde perfekt mit dem Bau der Union Pacific Railway 1865–1869, die auf dem alten Wagenweg über Omaha und Cheyenne die Grasebene teilte. Die Tiere zogen sich an 50 Meilen beiderseits des Schienenstranges zurück, nachdem Zehntausende der Verpflegung der Eisenbahnarbeiter gedient hatten. Aber die Atempause dauerte nicht lange. Schon 1866 begann die Anlage weiterer Transkontinentallinien durch den Südwesten, die das Büffelgebiet in bequeme Reichweite brachten.

Ein Strom von Arbeitern, Fuhrleuten, Sportschießern, Trappern, Glückssuchern und Jobjägern aller Art ergoß sich über die südliche Prärie. In jedem Nest an den neuen Schienenwegen saßen Händler mit ihren Depots, und nach allen Richtungen operierten gut ausgerüstete Mordbanden, die im Töten wetteiferten. „Zwischen 1871 und 1874 geschah in diesem Lande kaum etwas anderes außer der Büffelschlächterei."[27]

Da die Schießer nichts von Jagd verstanden, kamen auf ein abgeliefertes Fell vier bis fünf tote Bisonten. Oft genug nahm man nicht einmal die Haut – das Abziehen machte ja Arbeit –, sondern begnügte sich mit der Zunge; eine Delikatesse, die mit 25 Cents vergütet wurde. Der völlig verstopfte Markt zahlte schließlich für eine Büffelkuhhaut 65 Cents, für ein Bullenfell einen Dollar und 25 Cents, aber selbst bei diesen Preisen machten die Schinder zugestandenermaßen „viel Geld".

Selbstverständlich kamen zu diesen „Jägern" auch noch die Indianer – Cheyenne, Arapaho, Kiowa –, die ihr lebensnotwendiges Kontingent weit überzogen, angesteckt von dem Blut- und Geldrausch, und schließlich noch die im Lande sitzenden Siedler, die ihre Küche versorgten.

Die Bilanz nach Auslöschung der südlichen Herde sieht so aus:

1872–1874 erlegt durch weiße „Berufsjäger"	3 Millionen 160 000
im gleichen Zeitraum durch Indianer	390 000
im gleichen Zeitraum durch Siedler	150 000
insgesamt innerhalb von drei Jahren	3 Millionen 700 000
	Bisonten

„Diese Zahlen scheinen unglaubwürdig", bemerkt unser Kronzeuge Hornaday in seinem Bericht, „allein es besteht leider nicht der mindeste Grund, sie für zu hoch zu halten. Es leben noch genug Män-

---

[27] Hornaday 493. Das Folgende ebendort 493 ff., die Schlußrechnung 501.

ner (1889), die behaupten, während dieses Riesengemetzels jeder für sich jährlich 25 000 bis 30 000 Büffel geschossen zu haben."[28]

Dasselbe Trauerspiel vollzog sich für die nördliche Herde zwischen 1880 und 1884. Es erübrigt sich, in Einzelheiten zu gehen. Zur Abrundung diene noch die Mitteilung, daß man nach Auslöschung der Tiere ihre Knochen aufsammelte und verwertete. Die von Sonne und Wind schneeweiß gebleichten Gebeine bedeckten Meile um Meile. Die Tonne klein gehackter und zerstampfter Knochen brachte 18 Dollar, nicht zerkleinert 12 Dollar. Die Industrie verarbeitete diesen Urstoff zu Phosphat und Kohle. Im Jahre 1874 verfrachtete man über die Santa-Fé-Bahn 60 000 Zenter Büffelknochen. Damit verschwand die letzte Erinnerung, denn die spärlichen und völlig nutzlosen Debatten im Kongreß blieben in den Parlamentsprotokollen begraben[29].

Am 1. Januar 1889 zählte man auf dem Gebiet der USA noch 635 Bisonten, in Worten sechshundertundfünfunddreißig. Das war der Rest einer Tierart, deren Zahl man anfangs des Jahrhunderts – es sei wiederholt – mit 50 Millionen ansetzen darf.

Hornaday, der schon während dieses Massenmordes Material zu seinem Bericht sammelte, zittert im Rückblick vor Empörung[30]. „Gerne hätte ich die Geschichte ungeschrieben gelassen. Sie ist eine Schande für das amerikanische Volk, für die territoriale Verwaltung, die Einzelstaaten und die Administration in Washington. Spätere Geschlechter werden uns für Wilde und Raubtiere halten, ebenso grausam wie habgierig. Sie werden uns vergleichen mit dem blutdurstigen Tiger des indischen Dschungels, der ein Dutzend Ochsen auf einmal zerreißt, obwohl er nur einen fressen will...

Die Männer, die unsere Büffel wegen ihrer Zungen schossen oder zum Sport vom Eisenbahnwagen aus, waren Mörder. Der zivilisierte

---

[28] Hornaday 501. Selbstverständlich sind solche Abschußzahlen nur bei pausenloser Jagd winters und sommers erreichbar. Es interessierte die Schinder nicht, daß die Sommerfelle nichts taugten, weil das Haar zu dünn war. Lediglich die Winterfelle erbrachten zwei bis drei Dollar, in der übrigen Zeit fielen die Preise auf 50 bis 60 Cents. Hornaday 507 Anmerkung und Roe 422 Anmerkung 29.

[29] Hornaday 464: „Der totale und vollständig unentschuldbare Mangel an Schutzmaßnahmen und Vorkehrungen auf Seiten der Bundesregierung sowie der westlichen Staaten und Territorien." Die Zählung vom 1. Januar 1889 bei Hornaday 525. Sie bezieht sich auf die wild schweifenden Exemplare außerhalb der Schutzparks.

[30] Hornaday 486 f.

Mensch fällt augenblicklich in seinen früheren Status zurück, sobald man ihn mit den Tieren der freien Wildbahn allein läßt. Drücke ihm eine Flinte in die Hand oder irgendein Mordinstrument und versichere ihm, daß ihm selbst nichts geschieht, und siehe da! er verwandelt sich sofort in einen Wilden: mit rasender Lust am Blutvergießen, Niedermetzeln und Totschlagen; nicht so sehr des Gewinnes wegen, als vielmehr aus Freude am Mord. Da ist keine Jagdart unfair, niederträchtig und gemein genug, um nicht benutzt zu werden, sofern nur der kostbare Körper des Jägers in Sicherheit bleibt[31]. Sie schießen Büffel und Antilopen vom fahrenden Eisenbahnwagen aus; sie treiben Hirsche mit Hetzhunden ins Wasser und schneiden ihnen die Kehle ab; sie töten wochenalte Hirschkälber wegen ihres gefleckten Fells; sie überfallen mit wölfischer Wut Hirsche, Elche, Karibus im Schnee, wo sich die Tiere in einem bedauernswerten Nachteil befinden; sie rotten mit Schrotflinten die atlantischen Wildenten aus, um sie auf die großstädtischen Märkte zu liefern; sie knallen die Bergziegen ab, um ihre Felle für 50 Cents zu verhandeln; sie vernichten Wagenladungen von Forellen mit Dynamit und so geht es fort."

Frank Gilbert Roe, dem wir die neueste Monographie über den amerikanischen Bison verdanken, findet Hornadays Worte absolut nicht zu streng. Welche Worte könnten das überhaupt sein? Die erwähnten Praktiken, so meint er, seien keine gelegentlichen Abweichungen von einem höheren Standard des Benehmens, sondern ohne Zweifel charakteristische Beispiele der üblichen Haltung eines sehr großen Bevölkerungsteils[32].

Dem Gedächtnis der Amerikaner ist dieser Massenmord – Hornaday benutzt in seinem Report das Wort „kriminell" – gänzlich entschwunden. Im Jahre 1946 veröffentlichte der Museumsdirektor Frank Cummings Hibben ein hübsches Buch über den prähistorischen Menschen in Nordamerika: „The lost Americans". In ihm geht er

---

[31] Hornaday und Roe teilen z. B. mit (496 bzw. 418), man habe an den wenigen Flüssen der Prärie ganze Kordons von Lagern gebildet und die Tiere mit Lärm und Feuerbränden von den Wasserstellen zurückgescheucht. Schließlich hätten die armen, von Durst gequälten Geschöpfe in dichten Scharen zum Wasser durchzubrechen versucht. Dabei wurden sie dann mit Pelotonfeuer erledigt. Das Maschinengewehr war damals noch nicht erfunden.

[32] Frank Gilbert Roe: The North American Buffalo. A Critical Study of the Species in Its Wild State. Toronto 1951, 423.

auch auf das rätselhafte Erlöschen der pleistozenen Tierwelt ein. Mit dem Ende der Eiszeit und dem Rückzug der Gletscher verschwindet ein großer Teil der Megafauna in Nordamerika: ein halb Dutzend Mammut- und Mastodontenarten, Bison antiquus, Riesenelch, Riesenbiber, Säbelzahntiger, Kurzkopfbär, Faultier, Schreckenswolf und nicht zuletzt das Pferd.

Dieses ungeheuere Sterben, das schätzungsweise an 40 Millionen Geschöpfe dahinraffte, ist bis heute ungeklärt. Man hat unter manchen anderen Ursachen auch an den Menschen gedacht. Der vorgeschichtliche Mensch hat das alles miterlebt, er besaß das Feuer, sollte er etwa den Anlaß gegeben haben? Nun, der Gedanke, daß einige Tausend Großwildjäger, ausgerüstet mit Stöcken und Steinen, dieses Vernichtungswerk ausgeführt haben könnten, grenzt an Absurdität. Wir werden uns eingehender damit beschäftigen, aber im ganzen lohnt es sich nicht, derartiges zu erwägen. Auch Hibben tut das nicht, aber seine Ablehnung verdient denn doch, notiert zu werden. Er bedenkt nicht die technische Unmöglichkeit, er wird vielmehr moralisch. Wer möchte schon unsere Ahnen mit der Verantwortung beladen, ruft er aus, Millionen Tiere erschlagen zu haben?[33]

Man faßt sich an den Kopf. Das schreibt ein Amerikaner, wenige Jahrzehnte nach der Vernichtung von 50 Millionen Bisonten! Nun, die Völker haben ein glückliches Gedächtnis, ironisiert Ernst Jünger ähnliche Vorgänge in anderen Bereichen. In der zweiten Auflage seines Buches hat Hibben denn auch diese Begründung fortgelassen. Sein Gedächtnis hatte sich inzwischen gebessert. –

Lange nach dem Untergang des Bison americanus besuchte der Völkerkundler Clark Wissler eine Reservation im fernen Westen. Im Nu sprach sich bei den Indianern herum, der Besucher führe ein Büffelfell mit sich, das noch aus alten Zeiten herrühre. Alsbald wurde Wisslers Quartier überlaufen. Zuerst erschien ein alter, ehrwürdiger Mann und bat, ihn das Fell sehen und befühlen zu lassen. Die Bitte wurde natürlich erfüllt, und Wissler bemerkte nicht ohne Bewegung, mit welcher Andacht und Ehrfurcht der Greis neben diesem Heiligtum niederkniete und mit seinen Fingern durch die feine Wolle fuhr.

---

[33] Frank Cummings Hibben: The lost Americans. 1. Auflage New York 1946, 180 ff. 2. Auflage New York 1968.

Andere Indianer folgten, jeder berührte das Fell, viele beteten, selbst Kranke waren dankbar, eine Zeitlang neben diesem Relikt der Vergangenheit sitzen zu können. Wissler überließ schließlich das Fell dem Häuptling. Er hatte die richtigen Besitzer gefunden[34].

---

[34] Clark Wissler: Depression and Revolt. Natural history vol. 41 (1938), 108.

NATUR- UND ZIVILISATIONSMENSCH.
TOTEMISMUS UND SOZIOLOGIE

„Die eigentliche Ursache der Büffelausrottung ist der Abstieg der Zivilisation mit all' seinen zerstörerischen und verderblichen Elementen", urteilt Hornaday. Bleibt man bei diesem Werturteil – und ein anderes scheint kaum möglich –, dann wird die Liquidation Ur-Amerikas zu einem Zusammenstoß zweier verschiedener Menschentypen mit zwei völlig verschiedenen Weltauffassungen.

Hornaday stellt wiederholt den amerikanischen Schießer auf eine Stufe mit dem „Wilden". Dabei narren ihn natürlich volkstümliche Vorstellungen von „Entwicklung". Die übliche und gängige Ausstattung des „Wilden" mit Eigenschaften des zivilisatorischen Abschaums stellt jedoch nur ein Gedankending dar, ein populäres Schreckbild, mit dem das Durchschnittswissen ein finsteres, düsteres und grausliches Ur bevölkert. Die Wirklichkeit sieht ganz anders aus.

Die Totschläger, die Hornaday tausendeweis vor Augen gehabt hat, gehören der Zivilisation an, nicht den Naturvölkern, soweit diese von den Kulturträgern unbeeinflußt blieben. Häuptling Standhafter Bär, ein Teton-Sioux, hat die landläufige Vorstellung vom „Wilden" zurecht gerückt. „Für uns sind die großen weiten Ebenen, die herrlichen rollenden Prärien, die baumbekränzten Windungen der Flüsse nicht ‚wild'. Nur der Weiße hält die Natur für eine ‚Wildnis', nur für ihn wird das Land beunruhigt von ‚wilden' Tieren und ‚barbarischen' Völkern. Für uns ist die Natur sanft und vertraut. Die Erde ist schön, und wir sind umgeben von den Segnungen des Großen Geheimnisses. Erst als der behaarte Mann vom Osten erschien und mit brutaler Niedertracht Ungerechtigkeiten über Ungerechtigkeiten auf uns und unsere Familien häufte, erst da wurde das Land für uns ‚wild'. Als sogar die Tiere des Waldes vor ihm die Flucht ergriffen, da begann für uns der ‚wilde Westen'."[35]

---

[35] Nach Nebraska history vol. 19 (1938), 225.

Der angebliche ‚Wilde' ist also in Wirklichkeit der Gegenspieler des Zivilisierten, eingebettet in den Naturverband, selbst ein Stück Natur, der wie alles um ihn herum dem Ansturm der Kulturträger weichen mußte. Nur mit Schaudern gewahrt man die Formen, in denen dieser Prozeß ablief. Von allen Sprüchen, die den Geborenen des Bodens vorgesetzt wurden, paßt auf ihre Leidensgeschichte nur Prediger IV, 1–2:

> Und ich wandte mich und sah an
> alles Unrecht, das unter der Sonne geschah.
> Und siehe, da waren die Tränen derer,
> die Unrecht litten und keinen Tröster hatten;
> Und die ihnen Unrecht taten, waren zu mächtig,
> so daß sie keinen Tröster bekommen konnten.
> Da lobte ich die Toten, die schon gestorben waren,
> mehr als die Lebendigen, die noch das Leben hatten.

Der Unterschied zwischen Natur- und Zivilisationsmensch beruht auf der tief eingepflanzten Überzeugung des Indianers von einem lebendigen Weltverband, von der Verwandtschaft aller Erscheinungen bis hin zu Felsen, Winden, Wolken und Morgenröten. Dagegen steht ebenso fest eingerammt das Wissen des Zivilisierten, Aufgeklärten, Erleuchteten, daß die umgebenden Welterscheinungen nur Facts sind, Funktionen von Atomwirbeln.

Den Amerikanern, so meint Gilmore, ginge das Vermögen ab, den Schmerz der Indianer zu verstehen, die unaufhaltsam dahinschwinden sähen ihre einheimische Tier- und Pflanzenwelt. Es sei keineswegs allein das bittere Gefühl für den ökonomischen Verlust, für die Vernichtung wertvoller Nahrungsquellen wie der Wildreisbetten, Lotosfelder, Büffelherden. Vielmehr bewege den Indianer vor allem das Entsetzen über die Lücke, die das Verschwinden einer Spezies hinterlasse. Er sehe darin eine Verschiebung des natürlichen Gleichgewichts, eine Störung der Weltsymmetrie[36].

Man fragt sich, ob denn die im homo europaeus verkörperte Störung immer schon da war, ob sie ein altweltliches Erbteil birgt, ob das alte Europa niemals einen Hauch jenes Zeitalters gespürt hat, da Tiere, Pflanzen und Menschen miteinander „sprechen" konnten. Bei näherem Zusehen schimmert freilich auch hier ein Zipfelchen des Uralten durch, schon in Grimms Märchen vom Sperling und Hund

---

[36] Gilmore: Prairie Smoke, 34 f.

(Nr. 58). „Fuhrmann, du hast meinen *Bruder* Hund totgefahren", sagt das Vögelchen und sorgt für eine gründliche Strafe.

Der sudetendeutsche Schriftsteller Sepp Skalitzky geriet auf einer Wanderung im Böhmerwald eines Morgens an zwei Holzfäller, die sich nach dem Verzehr ihrer Morgensuppe anschickten, eine ungeheuere Fichte umzulegen. Der Baum stand allein auf einer Lichtung. Unbehindert hatte er sich entwickeln können zu einer riesigen Pyramide. Jetzt war die Wipfeldürre über ihn gekommen und damit das Ende.

Die beiden Arbeiter prüften alle Möglichkeiten und setzten dann die Baumsäge etwa in Brusthöhe an. Langsam fraß sich das stählerne Blatt in den Stamm hinein. Bald wurden Keile eingetrieben und ab und zu tiefer geschlagen, damit die Säge nicht klemmte. In der Mitte des Umfanges sah es so aus, als reiche die gewaltige Länge des Werkzeugs nicht: nur wenige Handbreit ließ sich das Blatt dort hin- und herziehen. Langsam, mühsam senkte sich der gezahnte Stahl tiefer. Dann und wann ruhten die Holzfäller, wischten sich den Schweiß von der Stirn und nahmen einen Schluck aus ihren Blechflaschen.

Endlich war es so weit. Ein Zittern lief durch den Stamm, ganz allmählich begann er sich zu neigen. Schneller und schneller wurde der Sturz, ein sausendes Pfeifen schwoll an, und mit Donnerkrachen schlug die Fichte zu Boden. Die Erde dröhnte, sonst herrschte Totenstille. Es war, als lauschte der Wald dem Fall des Gewaltigen.

Da zog der ältere der beiden Arbeiter den verschossenen Wäldlerhut ab und sagte: „O Herr, schenk' ihm die ewige Ruh". Der andere tat es ihm nach und bekräftigte das Wort seines Kameraden mit einem „Amen"[37].

Diese beiden ehrwürdigen Männer verkörpern ein ganzes Zeitalter, jene weit entlegene Zeit, da der Baum noch ein Bruder war, auch in Europa. Noch im vorigen Jahrhundert wird aus dem Böhmerwald berichtet, die Holzfäller um Neuenhammer pflegten einen Stamm um Verzeihung zu bitten, ehe sie ihm das „Leben abtaten". Nach ihrem Glauben seufzt und blutet der Baum, wenn er umgehauen wird; stöhnend stürzt er zu Boden, denn ungern läßt er das Leben.

Die gleiche fromme Haltung bewegt auch den Indianer. Auf der

---

[37] Die große Ehrfurcht. Böhmerwälder Jahrbuch 1965, 112 ff. Das Folgende nach Schönwerth: Aus der Oberpfalz. 2. Aufl. Augsburg 1869. Teil 2, 335.

Prärie, an ihren Flüssen und Bächen, erblickt er immer wieder drei Bäume: Zeder, Weide und Baumwollebaum. Ihre Gestalt und Erscheinung regt seine Phantasie mächtig an. Die Zeder, an ruhigen Plätzen dunkel und still emporragend, gleicht einem Manne, der mit der Decke über dem Kopf in der Einsamkeit meditiert. Die Weide säumt die Wasserläufe und gesellt sich so dem heiligen Element, ohne das kein Ritus abläuft. Der Baumwollebaum aber steht so fröhlich und selbstsicher an seinem Ort, spiegelt mit seinen leuchtenden Blättern die Sonne wie das Gekräusel eines Sees und bewegt sich unaufhörlich auch bei Windstille, daß ihn der Indianer schon aus diesem Grunde mit geheimnisvollen Mächten sprechen hört.

Endlose Belege ließen sich zusammentragen für die Verehrung großer und schöner Bäume. Kein Wunder, daß die Hidatsa am Missouri glaubten, das Unglück ihres Volkes habe begonnen, als man anfing, die Baumwollebäume umzuhauen. Früher habe man nur gestürzte und abgestorbene Stämme verwandt und niemals einen lebenden Baum getötet [38].

Der Baum steht nur als Teil für das Ganze. Seine Behandlung in den Winkeln Europas bezeugt, daß auch hier einst ein brüderliches Verhältnis zwischen den Gliedern der Weltfamilie möglich war. Im Banne der europäischen Dichtung lebt dieses Verwandtschaftsgefühl fort bis heute, woher sollten sonst die vielen Weltverschmelzungserlebnisse stammen? Letzten Endes doch aus diesem Urwissen, aus einer archaischen Wirklichkeit, die mit der Heraufkunft der Zivilisation zerflatterte.

Wie deine grüngoldenen Augen funkeln,
Wald, du moosiger Träumer,
Wie so versonnen deine Gedanken dunkeln,
Saftstrotzender Tagesversäumer,
Einsiedel, schwer von Leben!
Über der Wipfel Hin- und Wiederschweben
Wie's Atem holt
   und näher kommt
   und braust,

---

[38] Washington Matthews: Ethnography and Philology of the Hidatsa Indians. Department of Interior. United States Geological and Geographical Survey of the Territories. Miscellaneous Publications Nr. 7. Washington 1877, 48 f.

Und weiter zieht
und stille wird
und saust!
Über der Wipfel Hin- und Wiederschweben,
Hoch oben steht ein ernster Ton,
Dem lauschten tausend Jahre schon
Und werden tausend Jahre lauschen.
Und immer dieses starke, donnerdunkle Rauschen.

Uns will scheinen, als rede Peter Hille[39], der längst Vergessene, hier mit der Stimme des Waldes, als Dolmetscher einer Ursprache vor allen Menschensprachen, als ein selbst Wald Gewordener. Dagegen klingt der gleiche Ton bei Wilhelm Lehmann scheu, verhalten und beinahe schüchtern, als schäme er sich, dergleichen von sich zu geben[40]; die Weltenuhr ist zwischen beiden Dichtern immerhin 50 Jahre weiter gerückt.

Pappel du, in Weisheit grau,
Diene ich dir erst zur Speise,
Fall' ich ein in eure Weise,
Kuckuck, Elster, weiße Frau.

Kehren wir zu den eingangs erwähnten „Realitäten" zurück. Mit diesem Wort bezeichnet die Gegenwart bekanntlich ihre Selbstmordbemühungen. Halten wir angesichts des Heute fest, daß auch der Urkontinent allen Unheils früher einmal jenen Naturverband gekannt hat, mit dem die Menschheit Jahrhunderttausende leben und überdauern konnte. Ob sie mit der jetzigen Einstellung auch nur hundert Jahre weiter existieren wird, ist zweifelhaft. Denn mit der Renaissance, dem Ausbruch aus der Hürde, setzt ein fiebriger Vertilgungswahn ein, der den Vertilger eines Tages selbst vertilgen wird.

So stellt Trollope zu unserem Thema „Baum" kurz und bündig fest: „Für den amerikanischen Farmer ist ein Baum einfach ein Feind, der unter die Füße getreten und beigerodet werden muß. Er kann ihn

---

[39] Erich Naused: Peter Hille. Eine Einführung in sein Werk und eine Auswahl. Wiesbaden 1957, 36 „Waldesstimme". (Verschollene und Vergessene Bd. 2.)

[40] Wilhelm Lehmann: Sämtliche Werke Bd. 3. Gütersloh 1962, 496 „Fliehender Sommer".

auch zu Asche verbrennen und in die Winde streuen. Das ist jedenfalls das ökonomischste Verfahren."[41]

Ich darf hier ein persönliches Erlebnis einflechten. Einem Bauunternehmer, den ein Auftrag für einige Monate zu einem bestimmten Weg nötigte, fiel bei seinem täglichen Gang eine herrlich gewachsene Fichte auf. Er war aufrichtig entzückt. „So einen wunderbaren Stamm bekommt man heute nur noch selten zu sehen, ich habe mich geradezu in ihn verliebt und kann ihn gar nicht mehr missen."

Schließlich kaufte er den Baum von seinem Besitzer und ließ ihn schlagen, um seinem Entzücken Luft zu machen. Ein solcher Zeitgenosse mit dem Gemüt eines Fleischerhundes kam mir damals (1927) schier unwirklich vor. Inzwischen hat man dazugelernt.

Damals war mir unbekannt, daß Henry Thoreau, der amerikanische Naturphilosoph, schon vor ¾ Jahrhunderten die gleiche Erfahrung verlautbarte. „Die Ausdrucksweise des Holzhauers verrät die Art seiner Bewunderung. Brächte er alles vor, was in seinem Gemüte bereit liegt, dann würde er sagen: ,Die Kiefer, die ich gefällt habe, war so groß, daß ein Joch Ochsen auf dem Stumpf hätte Platz finden können!' Er bewundert den Stamm, den Kadaver oder den Leichnam weit mehr als den Baum. Nun, mein Bester, die Kiefer, die du geschlagen hast, stünde auf ihrem eigenen Wurzelstock weit zufriedener und fester als ein Joch Ochsen. Welches Recht hast du eigentlich, die Eigenschaften jenes Mannes zu feiern, den du ermordet hast?"[42]

Dieser Vertilgungswahn, tausendmal erkannt, tausendmal beklagt, beherrscht heute den Globus. Die einmal eingeschlagene Richtung wird mit steigender Beschleunigung eingehalten. Da fliegen die Schätze der Erdrinde, aufgespeichert in den großen Erdensommern, in einem einzigen Riesenfeuerwerk gen Himmel. Hunderte von Millionen Jahre hat es gedauert, die Atmosphäre mit ihrer Verteilung von Sauerstoff und Stickstoff aufzubauen. Jetzt werden Befürchtungen laut, die atembare Luft lange nur noch für 30 Jahre. Die Vergiftung der Ackerkrume, des Wassers – die Litanei ließe sich ohne Ende fortsetzen.

Ludwig Klages hat 1913 in einer Rede unter dem Titel „Mensch und Erde" auseinandergesetzt, wohin der Zauberrauch des Fortschritts weht, wohin die Ichsucht des planetarischen Alleinherrschers

---

[41] Thomas Anthony Trollope: North America. Vol. 2, Leipzig 1862, 252.
[42] Thoreau: The Maine Woods. Ausgabe der Cambridge Riverside Press 1894, 314. (The Writings in ten volumes vol. 3.)

führt. Seither sind ihm viele Mahner gefolgt, keiner hat seine eindringliche Sprachwucht erreicht. „Wir täuschten uns nicht, als wir den ,Fortschritt' leerer Machtgelüste verdächtig fanden, und wir sehen, daß Methode im Wahnwitz der Zerstörung steckt. Unter den Vorwänden von ,Nutzen', ,wirtschaftlicher Entwicklung', ,Kultur' geht er in Wahrheit auf Vernichtung des Lebens aus. Er trifft es in allen seinen Erscheinungsformen, rodet Wälder, streicht die Tiergeschlechter, löscht die ursprünglichen Völker aus, überklebt und verunstaltet mit dem Firnis der Gewerblichkeit die Landschaft und entwürdigt, was er von Lebewesen noch übrig läßt, gleich dem ,Schlachtvieh' zur bloßen Ware, zum vogelfreien Gegenstande eines schrankenlosen Beutehungers. In seinem Dienste aber steht die gesamte Technik und in deren Dienste wieder die weitaus größte Domäne der Wissenschaft."[43] Inzwischen hat sich der Aberwitz, unbekümmert um Kritik, auf alle Kontinente ausgedehnt. Die technische Verödung der Welt gilt überall als erstrebenswertes Ziel, dem Zahlenrausch wird jedes Opfer gebracht, Millionen Hirne sinnen darüber nach, wie die Menschheit auf den Stand des Ungeziefers herabgebracht werden kann, denn etwas anderes bedeutet ihre Milliardenhaftigkeit nicht. Die Ahnung von der einstigen Brüderlichkeit der Erscheinungen rückt ferner und ferner.

An ihre Stelle tritt, verräterisch genug, ein gelehrtes Fach: die Soziologie, die Wissenschaft von der Gesellschaft. Man sollte meinen, dieses Fach sei berufen, der alten Weltfamilie ein neues Mäntelchen zurechtzuschneidern, doch dergleichen liegt nicht in der Richtung der modernen Wissenschaft. Im Mittelpunkt steht hier die *menschliche* Gesellschaft, der *Mensch-Mensch*-Zusammenhang, das *Zwischenmenschliche*, in jedem Falle der *Mensch*.

Natürlich drucken die Wörterbücher der Soziologie prächtige Artikel über die „Soziologie der Lebewesen", in denen Beherzigenswertes zu lesen steht über Tier- und Pflanzensoziologie, Universalsoziologie, Zusammensein der lebendigen Geschöpfe. Mit Erstaunen lauscht man der Versicherung, im abendländischen Bereich sei die augustinische Position, auch die außermenschliche Kreatur in das Liebesgebot einzubeziehen, nie grundsätzlich aufgegeben worden[44].

---

[43] Ludwig Klages: Mensch und Erde. Zehn Abhandlungen. Stuttgart 1956, 12. (Kröners Taschenausgabe 242.)

[44] So Wilhelm Bernsdorf: Wörterbuch der Soziologie. 2. Aufl. Stuttgart 1969, 1072 ff.

Es ist etwas Schönes um Grundsätze. De facto schiebt die abendländische Soziologie den Menschen vollends ins Ghetto: *er* und nur *er* gilt; was jenseits des Zaunes lebt, gilt nicht oder nur als Fußbank des homo sapiens.

Der moderne Lebensstil ist darauf angelegt, den Menschen in eine künstliche Umgebung zu sperren, ihn von den anderen Erdgeburten zu trennen durch Asphalt, Neonleuchten, Glas, Aluminium, Beton. Parallel dazu geht das Bemühen der Soziologie, die menschlichen Wirklichkeiten zu vernichten. Was hat eigentlich dieses formelbewaffnete Fach mit menschlicher Nähe und Wärme zu tun?

Versenkt man sich dagegen in die indianische Gesellschaftsordnung, so spürt man sogleich das Erscheinen der Weltfamilie in einem neuen Gewande: jede indianische Menschengruppe ist nichts anderes als ein gelebter Weltverband. Das erhellt schon aus den Anreden. Wie das Kind jedermann mit „Onkel" oder „Tante" anspricht, unbewußt im Banne der Verwandtschaft aller Menschen, so verwendet der Indianer im Verkehr mit seinesgleichen grundsätzlich die Familienbezeichnungen wie Bruder, Schwester, Onkel, Tante, Großvater, Großmutter.

Noch weiter geht der sogenannte Totemismus. Zu den wenigen Stämmen, über deren Gesellschaftssystem wir unterrichtet sind, gehören die Osage-Sioux auf der Prärie[45]. Der Stamm zerfällt in 24 Kleingruppen, „Feuerplätze", wie die Osage sie nennen. Die Mitglieder dieser Abteilungen werden zusammengehalten durch Lebenssymbole. Dieser etwas unglückliche Ausdruck meint das, was der Ethnologe „Toteme" nennt. Es sind bestimmte Naturerscheinungen, zu denen der betreffende Feuerplatz in enger Beziehung steht, die er gleichsam als sein Wappen und Aushängeschild benutzt.

Im Osagischen heißen diese Signa waschoigathe „Gegenstände, aus denen sie ihre Körper machen". Die Beziehung zwischen Mensch und Lebenssymbol bleibt also nicht im Irgendwie, diese Toteme bilden vielmehr den Grundstoff der menschlichen Existenz. So bestehen die Wazhaze wanon aus der Schnappschildkröte, die Wakestse dse aus Kolbenschilfrohr, die Wazhaze tschka aus Süßwassermuschel und Sonne, die Ponka washtage aus Zeder, Wasser und Riedgras, die Tsi inikashiga aus Hirsch und Roteiche, und so geht es fort. Als die Men-

---

[45] Werner Müller: Die Religionen der Waldlandindianer Nordamerikas, Berlin 1956, 167 ff. Derselbe: Glauben und Denken der Sioux. Berlin 1970, 173 ff.

schen in der Urzeit eine schattenhafte Existenz führten, rieten alle diese Wesen, aus ihnen die menschlichen Körper zu machen. Täten die Menschen dies, würden sie ein hohes Alter erreichen. So geschah es denn auch. –

Man versetze sich für einen Augenblick in diese Gedankenwelt. Der menschliche Stoff wird hier gewebt aus Sonne, Fluß, Nachtdunkel, Wolke, Felsen, Bär, Büffel, Pelikan, Adler, Mais, Kürbis, Prärieblume und so weiter bis ins Unendliche. Welche Urzeugungen! Eine stärkere Weltverbindung kann es nicht geben. Hier öffnet sich ein anderer Blickwinkel als bei den Soziologen, die außer dem Menschen nichts kennen; eine ganz andere Sicht auch als bei den Verhaltensforschern, die über Verständigungsmöglichkeiten zwischen Mensch und Tier nachgrübeln. „Auch ich bin ein Teil dieses Ozeans, mein Geliebtes!"

Die amerikanischen Zoologen haben die ungeheure Verbreitung des Bison americanus einen „unnatürlichen" Tatbestand genannt: ein einziges Säugetier in 50 Millionen Exemplaren in einem einzigen Kontinent wäre kein normales Schauspiel[46].

Die Vermehrung des Menschen unter diesem Aspekt zu betrachten, scheut man sich. Dabei läuft hier ein weit unnatürlicheres Schauspiel ab: das Herabsinken der Menschheit auf den Status einer alleinherrschenden Massenhaftigkeit und damit die Vernichtung der Weltsymmetrie von Grund auf. Überflüssig zu sagen, wer diese Entwicklung zu verantworten hat. Die Naturvölker gewiß nicht.

---

[46] Pleistocene Extinctions. Ed. by P.S.Martin and H.E.Wright. New Haven and London 1967, 131.

DAS STERBEN
DER EISZEITLICHEN TIERGESCHLECHTER
UND DER URMENSCH DES GELEHRTEN

Auslöschung des Bison americanus und Vernichtung der Weltsymmetrie, hirnlose Tat des dümmsten Erdensohnes, haben Parallelen. Wir meinen nicht die Ausrottung der Wandertaube, die im 18. Jahrhundert noch auf Billionen in Nordamerika geschätzt wird, nicht die Ausrottung des Karolinapapageis, der Labradorente, des Riesenalks, der Stellerschen Seekuh – wir meinen vielmehr das plötzliche, geologisch gerechnet fast schlagartige Verschwinden der pleistozenen Tierwelt am Ende der Eiszeit.

Wir erwähnten dieses Rätsel der nordamerikanischen Urgeschichte bereits. Mit dem Rückzug der Gletscher, mit dem Auftauchen des Kontinents aus der triefenden Nässe der Eiszeit, beginnt die Fauna Nordamerikas dahinzusterben. Durchläuft man die lange Liste der damaligen Tierwelt bei Martin und Guilday[47], so stellt man nicht weniger als 33 Genera fest, die grob gerechnet zwischen 10000 und 6000 ante verschwinden.

Merkwürdig genug traf das Unheil fast ausschließlich Mammalia (Säuger). Nur zwei Arten der Vogelwelt kamen nicht auf die Gegenwart: ein Riesengeier (Teratornis nerriani) und ein straußartiger Laufvogel (Titanis Brodkorb). Mustert man die Todesanzeigen genauer, so findet man beinahe nur Großtiere: vorneweg Mammut und Mastodon, dann das Faultier mit vier Genera (Nothrotherium, Megalonyx, Eremotherium, Paranylodon), das Gürteltier mit zwei Arten (Dasypus, Pampatherium), Riesenbiber, Wasserschwein, Schrek-

---

[47] Unsere Liste ist begrenzt auf das Spätpleistozen und den Kontinent ohne Westindien. Die Aufzählung hält sich an die Reihenfolge bei Martin and Guilday: A bestiary for pleistocene biologists. In: Pleistocene Extinctions, 8 ff.: Mammalia.

kenswolf, Kurzkopfbär, Säbelzahntiger mit zwei Arten (Smilodon, Dinobastis), Kamel mit drei Arten (Macrauchenia, Camelops, Tanupolama), Pferd, Tapir, Pekkari mit drei Arten (Platygonus, Mylohyus, Tayassu), Riesenelch, Sagamonhirsch, Antilope mit vier Arten (Breameryx, Capromeryx, Stockozeros, Tetrameryx), Altbison und vier sonstige Boviden (Bootherium, Symbos, Euceratherium, Preptoceros). Bis auf die Zwergantilopen (Breameryx und Capromeryx) mit ihrer Höhe von 0.60 m handelt es sich um Formen, die beträchtlich größer und schwerer sind als ihre heutigen Verwandten, falls es solche gibt.

Halten wir einen Augenblick inne und versuchen unsere Gedanken zu ordnen. Welche Sturzwoge von erstaunlichen Geschöpfen, die noch vor wenigen Jahrtausenden den Kontinent durchflutete! Man muß seine Phantasie zu Hilfe nehmen, Bilder aus zoologischen Gärten beschwören, Erinnerungen an afrikanische Savannen wecken, um diese Fülle farbigsten Lebens zu bewältigen. Wer sah jemals Antilopen mit vier Hörnern über die Prärie dahinjagen; wer erblickte jemals in Florida elefantenhohe Faultiere; wer hörte jemals auf den Terrassen des Mississippi braunrote Mammute trompeten?

Nicht alle Tierarten besetzten den ganzen Kontinent. Doch die Elefanten, Biber, Bären, Antilopen, Pekkari, Kamele, Großhirsche, Urbisonten, Tapire, Pferde und Waldochsen – sie alle streiften vom Sklavensee bis tief in den Süden. Wenige nur bevorzugten einzelne Räume. So liebten Mastodon und Moschusochse den borealen Wald mit seinen Nadelbäumen, das kleine Shastafaultier den trockenen Südwesten mit seiner Wüstenflora, sein mächtiger Artgenosse Eremotherium den offenen Park Floridas. Und die welligen, endlosen Grasebenen in der Mitte des Kontinents müssen unter den Hufen von Millionen Pferden erdröhnt haben, war doch die Prärie die natürliche Lauflandschaft, geschaffen wie nichts anderes für langstreckigen Galopp.

Dieses ganze wimmelnde Leben erlosch in einer einzigen Erdsekunde. Die heutige historische Fauna Nordamerikas stellt eine Verarmungsstufe dar. Mit Bison, Bär, Antilope, Hirsch, Wolf, Puma, Bergschaf sind die Großtiere so ziemlich beschrieben. Das Schauspiel der überwältigenden Fülle einer einzigen Spezies, des Bison americanus, konnte sich nur entfalten, weil so viele andere Genera Platz machten. Auf 40 Millionen Tiere hat man den Verlust berechnet.

Derartige Todeswellen begegnen öfter in der Erdgeschichte, allerdings nicht ohne Ersatz. Zwischen den Füßen der Dahingehenden waren inzwischen andere Ordnungen und Arten herangediehen, die ihrerseits die leeren Landschaften füllten. Mit anderen Worten: tierleere Räume hatte es bis dahin nicht gegeben, das ersatzlose Sterben trat jetzt am Ende der Eiszeit zum ersten Male auf. Es beschränkte sich keineswegs auf Nordamerika, auch der Nordrand Eurasiens und Europa waren betroffen. Doch in Nordamerika raste der Tod in kaum vergleichbaren Ausmaßen.

Die Genera erloschen nicht total, einzelne Exemplare müssen bis an die Schwelle der Neuzeit überlebt haben. Vor einigen Jahren entdeckten Pfadfinder im Krater eines erloschenen Vulkans bei Las Cruces/New Mexico ein Fell, das sie für den Pelz eines großen Braunbären hielten. Das Tier war in den Krater hineingestürzt und unter einem Felsvorsprung gestorben. Die Jungen wunderten sich über die ungeheuren säbelförmigen Krallen, die ihren Träger zwangen, auf der Oberseite der Pfoten zu gehen. Die Zoologen erkannten sofort, daß es sich um ein Riesenfaultier handelte, dessen Art seit Jahrtausenden aus Nordamerika verschwunden war. Aber der ausgezeichnete Erhaltungszustand der gelben Haare, des Felles im Ganzen, des Kopfes und der Pfoten wies auf ein weit jüngeres Alter hin, auch die trockene Luft des Südwestens miteingerechnet. Hoch geschätzt mußte der Tod vor einigen Jahrhunderten eingetreten sein, nicht vor Jahrtausenden.

Einen weiteren Beleg lieferte eine Höhle der Guadelupe Mountains, ebenfalls in New Mexico. Ein schmaler und niedriger Eingang führte hinein, man hatte mehrere Schritte auf Händen und Füßen zu kriechen. Den Höhlenraum füllten zahllose Kamelknochen, wohlerhaltene Überbleibsel der eiszeitlichen Kamele Nordamerikas, die sich bis heute nur in Südamerika als Lama, Alpaca, Vicuna erhalten haben. Eine dünne Schicht von Fledermausguano bedeckte den Friedhof, auch er konnte nicht alt sein. Eine zusätzliche Frage blieb, wie eigentlich die Tiere an diesen Ort gekommen sein mochten, denn auch die pleistozenen Kamele rutschten nicht auf Knien.

Doch das schier neuzeitliche Alter einiger Überlebender ändert nichts an dem Massentod, an dem endeiszeitlichen Overkill. Die erste Erklärung der Gelehrten verwies auf den Klimawechsel. Der Rückzug der Gletscher mußte ja die Klimabedingungen im Kontinent ändern, und vielleicht entzog diese Änderung den Tieren die Lebensmöglichkeiten. Aber diese Vermutung traf von allen Vermutungen am wenigsten zu. Sie ist denn auch längst aufgegeben. Das kühlfeuchte Klima der Gletscherzeit mit seiner schwellenden, unermeßlichen Pflanzendecke blieb mindestens im Norden erhalten. Die friedlich äsenden Gras-, Kraut- und Laubfresser konnten dem weichenden Eisrand nachziehen und so in ständiger Berührung mit ihrer Speisekammer bleiben. Der boreale Nadelwald erfuhr sogar in der Nacheiszeit eine gewaltige Ausdehnung, und doch starb das Mastodon aus, das in diesem Wald eine geradezu ideale Futterquelle besaß.

Und warum verschwand Bison antiquus, und der etwas schwächere Bison americanus blieb erhalten? Weshalb erlosch der Großelch (Cervalces), und Wapiti, Moose und Karibu lebten weiter? Welche Macht wurde dem Kurzkopfbär zum Verhängnis und ließ Grizzly und Schwarzbär ungeschoren?

Was für Einflüsse mögen die Fleischfresser wie Säbelzahntiger und Schreckenswolf getötet haben, die doch nach dem Verschwinden der Mammutkälber und Faultiere in den Herden des Bison americanus einen passenden Ersatz fanden? Weshalb spezialisierten sich nur Puma und Wolf auf den Bisonten? Weshalb kamen nur sie auf unsere Zeit?

Mit solchen Fragen erledigt sich sogleich die zweite Theorie. Eine eiszeitliche Tsetsefliege soll die Mammalia vernichtet haben. Nun, der Parasit müßte denn eine hoch merkwürdige Auswahl getroffen haben. Außerdem ist er an ein halb tropisches Klima gebunden, das bestenfalls am Südrand der USA zu finden wäre.

So verfiel man denn auf eine dritte Ursache, den Menschen. Zwar galt der homo sapiens lange Zeit als ein ganz junger Einwanderer in Nordamerika, er wäre vielleicht einige Jahre vor unserer Zeitrechnung in der Neuen Welt erschienen, über die Beringstraße aus Asien einrückend.

Doch hier erweiterte die Vorgeschichtsforschung wie so oft schon den Horizont erheblich. Man entdeckte zwei vorgeschichtliche Kulturen, die noch als Zeitgenossen der ungestörten pleistozenen Tierwelt anzusprechen waren, die Clovis- und die Folsomjäger.

Beide verwandten wunderschön retuschierte, blattförmige Steinspitzen, offensichtlich als Bewehrung von Lanzen; Geräte, die allen altweltlichen Fertigungen ähnlichen Aussehens in ihrer künstlerischen Form weit überlegen waren. Beide Horizonte folgten in Nordamerika aufeinander, um etwa 9000 ante dürfte der Folsommensch den älteren Clovisamerikaner abgelöst haben.

Die Clovisleute jagten, soviel läßt sich mit Sicherheit aus den Fundplätzen ablesen, das Mammut, denn zwischen seinen Knochen lagen zahlreiche unverkennbare Clovisspitzen. Mit dem Aufkommen der Folsomkultur änderte sich das Bild: die Folsomleute jagten den Bison antiquus.

Es gibt seit längerem keinen Zweifel an der Gleichzeitigkeit des Menschen und der endpleistozenen Tierwelt. Der Mensch hat die Vollständigkeit dieses Tierkosmos ebenso erlebt wie sein Dahinschwinden. Und Clovis- wie Folsomjäger waren – das muß betont werden – die Vorfahren unserer Indianer, sie waren selbst Indianer, Altindianer.

Mit diesen Entdeckungen stellte sich fast zwangsläufig eine Koppelung ein. Mußte nicht das Sterben der Megafauna und das Aufkommen des jagenden Menschen einen ursächlichen Verband bilden? Natürlich ist von vorneherein klar, daß die unbedeutenden Homogruppen, die damals den Kontinent bewohnten, zwischen den wimmelnden Tierherden völlig verschwanden. Wahrscheinlich benahmen sie sich so unauffällig wie möglich und waren froh, unbelästigt von Huftritten, Hornstößen und Reißzähnen ein bescheidenes Dasein führen zu können. Der Rückschluß von der *heutigen* Bedeutung des Menschen auf eine ähnliche urzeitliche Bedeutung gehört zu den Wahnvorstellungen menschlicher Eitelkeit.

Aber – so geht jetzt die Gedankenkette der Gelehrten weiter – der Mensch besaß doch das Feuer! Sicher verstand er es damals schon, mit der Windrichtung die Flammen laufen zu lassen, wenigstens auf der Prärie in den Dürremonaten. Er vermochte gewiß zu berechnen, wie das rasende Element gelenkt werden mußte, um die geängstigten Kreaturen zu Hunderten über einen passenden Steilhang zu stürzen. Konnte er nicht auch mit einer brüllenden und schreienden Treiberkette die gleiche Wirkung erzielen? –

Im August 1965 berief die International Association for Quaternary Research einen Kongreß nach Boulder in Colorado ein, der sich dieser Frage widmete. Der Kongreßbericht, mit 18 Arbeiten der versammelten Wissenschaftler, ist eines der interessantesten Bücher, das jemals zur Urgeschichte des Menschen gedruckt wurde. Die unbekümmerte, ganz unorthodoxe Art, mit der die Amerikaner das Problem angingen, schlägt den Leser schon bei den ersten Seiten in Bann. Man spürt deutlich, wie hier um eine Lösung gerungen und wie sorgsam jede Ansicht auf ihren Wert hin abgeklopft wird[48].

Ein Ergebnis stellte sich nicht ein, das Rätsel blieb ein Rätsel. Der Kongreß stand von vorneherein unter dem Einfluß des Paläontologen Paul Sidney MARTIN, der unbeirrt die These des pleistozenen Overkill verfocht: nur der Mensch käme als Ursache in Frage. „Mit unstatthaftem Stolz erheben wir ein unbestrittenes Anrecht darauf, die Vernichter der einheimischen Tierwelt zu sein; wir, nicht unsere fernen Vorgänger. Aber dies dürfte nicht stimmen. Die Möglichkeit eines vorgeschichtlichen Overkill haben wir zu eilig vom Tisch gewischt. Jedenfalls lassen die spätpleistozenen Ausrottungen wenig Raum für irgendeine andere Erklärung."

Und doch greift diese Erklärung ins Leere. Zu viele Überlegungen sprechen gegen sie. Man datiert das Erscheinen des Menschen auf dem nordamerikanischen Kontinent heute auf 28 000 Jahre zurück. Er dürfte also fast an 20 000 Jahre mit den Tieren zusammengelebt haben, ehe einzelne Arten anfingen auszusterben. Weshalb nicht früher? Verwandelte sich der Mensch plötzlich in einen hirnlosen Massenmörder?

Clovis- und Folsomindianer bejagten Mammut und Büffel, andere Genera sind auf den Lagerplätzen nur sehr dürftig vertreten. Wer oder was bewirkte also die Vernichtung außerhalb der beiden genannten Großtiere? Wer rottete Mastodonten und Faultiere, Säbelzahntiger und Kurzkopfbär aus?

Die Knochenlager auf den Stationen des Clovismenschen ergaben erstaunlich niedrige Zahlen an getöteten Tieren. Die größte Zahl Mammute, die je an einem Clovissite entdeckt wurde, betrug zwölf Stück, im Durchschnitt darf man mit zwei bis drei Exemplaren rechnen. Dieser Tatbestand verrät etwas Wichtiges. Der Altindianer war ein echter Jäger, der die Tiere anpirschte und alle Methoden der Massenjagd vermied. Er brachte immer nur einzelne Stücke zur Strecke, etwa beim Wassernehmen an einer Tränke. Mit anderen Worten: er befriedigte den *notwendigen Bedarf* und tötete kein Geschöpf unnütz.

---

[48] Pleistocene Extinctions. The Search for a Cause. Editors: P. S. Martin and H. E. Wright, Jr. New Haven and London 1967. (Volume 6 of the Proceedings of the 7. Congress of the International Association for Quaternary Research). Das folgende Zitat von Martin ebendort 115.

Genau so verfuhr der Folsomjäger: auch er erlegte kleine Mengen Bisonten, bis zur Höchstzahl von 23 Stücken[49].

Treibjagden im eigentlichen Sinne glaubt man erst nach 5000 ante festgestellt zu haben. Hester führt folgende Stationen an: Horner (Wyoming) mit 200 Bisonten, Olsen-Chubbock (Colorado) mit 65, Plainview (Texas) mit 100 Büffeln. Allein hier wissen wir nicht, ob diese Knochenlager von einer einzigen Treibjagd stammen, und ob überhaupt die Interpretation „Treibjagd" das Richtige trifft. Können nicht andere Umstände den Todeslauf der Tiere bewirkt haben? Das Erscheinen eines Säbelzahntigers, ein Rudel Schreckenswölfe haben sicher die gleiche Panik ausgelöst, wie sie Hunter Anfang des 19. Jahrhunderts auf der Prärie mit einem Puma erlebte[50].

Er saß an einem drückend heißen Mittag unter einem mächtigen Baum, um sich vor der glühenden Sonne zu schützen. Plötzlich vernahm er das donnernde Getöse einer tausendköpfigen Büffelherde, die in vollem Galopp auf ihn zurannte. Er sprang auf und suchte hinter dem dicken Stamm Deckung. Die Tiere stürzten zu beiden Seiten so nahe an ihm vorbei, daß er sie mit der Hand hätte berühren können. Als der Nachtrab vorbeistürmte, entdeckte er auch den Grund des wilden Schreckens: auf einem der Büffel hatte sich ein gewaltiger Puma festgekrallt, der mit rasender Wut den Hals seines Reittieres zerfleischte. Ein glücklicher Schuß brachte die Großkatze zur Strecke.

Hunter ergänzt, er habe sich später oft einen Spaß daraus gemacht, mit dem Pumafell verkleidet die Prärietiere zu ängstigen. Jedes Mal seien Büffel und Antilopen in panischer Angst davongerannt.

Zusätzlich wäre noch zu sagen, daß die wahrhaft mörderischen Treibjagden an den europäischen Sturzhängen mit Tausenden und Abertausenden von Pferden trotzdem das Pferd nicht ausgerottet haben, während es in Nordamerika ohne diese Dezimierung verschwand.

Schließlich gehören die drei aufgeführten Treibjagdplätze in den USA mit Beutezahlen bis 200 Stück in den Bereich völliger Belanglosigkeit. Sie beweisen überhaupt nichts. Was besagen schon 465 erlegte Tiere für das Verschwinden von 40 Millionen? Diese angeblichen Treibjagden haben nicht das mindeste beigetragen zur Auslöschung

---

[49] Vergleiche die von Hester aufgestellte Tabelle in Pleistocene Extinctions, 180 sowie den Text 181.

[50] John Dunn Hunter: Memoirs of a Captivity among the Indians of North America. 3. Aufl. London 1824, 110ff.

der tierischen Genera. Ganz abgesehen davon, daß nach wie vor völlig ungeklärt bleibt das Erlöschen der unbejagten Arten. Mit Recht warnt Hester vor einer allzu sicheren Auswertung der vorliegenden unzulänglichen Reports[51].

Prüft man die gelehrten Äußerungen zu diesem Thema, so wird alsbald klar, daß dem Wissenschaftler eine fest umrissene Vorstellung vom Urjäger die Feder führt. Dieses Modell beeinflußt alle seine Äußerungen, bis hin zu den bildlichen Darstellungen[52]. Es ist ein reichlich unsympathischer Geselle, der da auftaucht. In einem breiten Maul starren mächtige Zähne, wahre Wolfsbeißer; auf dem fettglänzenden Gesicht liegt ein gieriges Grinsen, und die Faust führt einen kräftigen Knüttel. Man sieht diesem Wesen an, daß seine Bedürfnisse mit Totschlagen, Fressen und Schlafen durchaus erfüllt sind. Geistige Anflüge dieses Modells erheben sich bestenfalls zu Magie und Zauber, und unter solchen Schwammworten denkt man sich gemeinhin auch nicht viel Erquickendes.

Es würde zu weit führen, die Herkunft dieses Musterbildes klarzulegen. Es entstammt den Gedankenaufschwüngen des vorigen Jahrhunderts, der unbeschränkten Herrschaft des Schlüsselwortes „Entwicklung" und volkstümlichen Mißverständnissen. Dem kleinen Hans leuchtet dergleichen ein. Von allen Seiten versorgt mit Philosophien des Bauches, hält er nichts für natürlicher und richtiger, als die eigene Geistesverfassung seinen Vorvätern auf den Leib zu schneidern.

Dieses Bild, so viele Geister es auch ernähren mag, ist ein Zerrbild. Am Anfang der Menschheit, auch der indianischen, steht eine Menschenkindheit, nicht ein Halbaffe. Das will in unserem Rahmen sagen: die einzigartigen religiösen Äußerungen des Indianers, seine tiefsinnigen Mythologien, Gesellschaftssysteme und Kultfeiern waren keimhaft bereits am Anfang da. Auch in den Augen des Urindianers spiegelte sich der ganze Kosmos.

Selbst die einleitend geschilderte Weltauffassung von der Brüderlichkeit aller Erscheinungen wird Tausende von Jahren alt sein. Die beteiligten Wissenschaftsfächer versichern zwar, dergleichen könne

---

[51] Pleistocene Extinctions 185.

[52] Selbst der Kongreßbericht der Pleistocene Extinctions glaubt nicht ohne solche Rekonstruktionen auskommen zu können. Auf Seite 253 erfreut den Leser ein Schauergemälde, auf dem sieben menschliche Scheusale zwei Kamele umbringen.

man nie wissen – unlogisch genug wissen sie dann doch eine ganze Menge von ihrem Urmenschen –, aber solche Auskünfte beruhen auf beschämender Gehirnleere, letzten Endes auf der fehlenden Zusammenarbeit der Fachgebiete. Ein Blick über den Zaun würde den Kurzsichtigen neue Landschaften eröffnen, wenn sie nur hinsehen wollten. Prüfen wir, was die Paläontologie von der Indianerkunde, d. h. von den Mythen und Kulten der heutigen Indianer lernen könnte.

KULT UND MYTHOS ALS NACHHALL
DER EISZEITLICHEN KATASTROPHE

Das Aussterben der pleistozenen Großfauna bleibt nach wie vor ein Rätsel. Auswege sind nach allen Seiten verrannt. Auch die Stilisierung des Urmenschen zum Massenmörder gehört in den Bereich des Unglaubwürdigen und wird bereits von den Knochenlagern der Fundplätze widerlegt.

In diesem Meer des Zweifels gibt es nur einen einzigen Anhalt. In einer bestimmten Region läßt sich wider Erwarten doch eine Ursache des Massensterbens feststellen, nämlich in Alaska. Als in diesem Staat die goldführenden Schichten entdeckt wurden, begann eine gewaltige Wühlarbeit, die den ewig gefrorenen Boden bis in die Tiefe aufriß, vor allem rings um Fairbanks am Tanana River in Mittelalaska.

Zum Erstaunen der Wühler traten dabei riesige Tierfriedhöfe zu Tage, mit wohlerhaltenen Fleisch-, Fell- und Hautresten. Der Eisschrank der Frosterde hatte die Auflösung und Zersetzung der Körper verhindert. Die herbeieilenden Vorzeitforscher trauten ihren Augen nicht. Da lag fast die ganze verschwundene Tierwelt der Endeiszeit: Mammut, Bison antiquus, Pferd, um nur einige Genera zu nennen.

Die Anhäufungen hatten sich nicht allmählich gebildet und nach und nach verstärkt, sondern türmten sich in Stunden und froren sofort fest ein. Eine Riesengewalt hatte ganze Herden zerschmettert. Bullen, Kühe, Kälber, Exemplare jeden Alters lagen wild durcheinander, vermischt mit ausgerissenen Bäumen und dicken Aschenpolstern vulkanischer Herkunft. Sturmgewalten unvorstellbarer Stärke müssen die tonnenschweren Tiere über die Landschaft gewirbelt und dabei in Fetzen zerrissen haben. Da lagen Köpfe mit Hals- und Rückenwirbeln, Vorderbeine mit Fußnägeln, Schulterteile mit den Haaren daran, dazwischen wie Peitschenstiele gedrehte Riesenbäume und zerstückeltes Astwerk, und das alles zugedeckt von unermeßlichen Aschenregen, Schicht über Schicht. Nirgendwo ein Anzeichen von Messer oder Beil, jede menschliche Einwirkung fehlte[53].

Der Befund gestattete nur eine einzige Erklärung. Eine ungeheuere Vulkankatastrophe mußte hier gewütet haben, mit Kubikkilometern von Auswürflingen, mit Giftgaswolken und Orkanen. Unmittelbar nach dem Unheil froren die zusammengefegten Tiere, Bäume, Aschen bis auf den Grund. Insofern spricht der alaskische Muck, wie diese Ablagerungen genannt werden, eine deutliche Sprache. Wie weit geographisch dieses Unglück reichte, läßt sich schwer ausmachen, da anderweitig die Frosturkunde des Alaskamucks fehlt. Wahrscheinlich hat dieser gigantische Ausbruch große Teile Kanadas erfaßt bis tief in das Staatsgebiet der USA hinein, denn die Knochenpackungen in Ontario, Manitoba, Neuschottland dürften ebenso entstanden sein.

Hier versagt die Phantasie, denn ein Vulkanausbruch mit ähnlichen Folgen wurde seither nicht beobachtet. Als Ursache des Tiersterbens kommt allerdings auch diese Katastrophe nicht in Frage. Denn gleichgültig, wie weit sie geographisch gereicht haben mag: den Osten und Süden des Kontinents erreichte sie nicht. Nur zwei Tatsachen stehen fest und sind in ihrem Gewicht kaum zu überschätzen: 1) der Altindianer hat diese vulkanische Vernichtung miterlebt, 2) seine Nachfahren haben Erinnerungen an diese Katastrophe bis heute bewahrt. Der erste Hinweis braucht nicht weiter verfolgt zu werden, denn die Clovis- und Folsomjäger haben existiert. Die zweite Feststellung bedarf eines gewissen Ausholens.

Einen der bedeutendsten Stämme an der atlantischen Küste stellen die Delaware dar, mit ihrem eigenen Namen Lenâpe. Sie saßen in den heutigen Staaten New York und New Jersey und gerieten fast als erste Indianergemeinschaft mit den einrückenden Weißen aneinander. Der Stamm genoß eine eigenartige Achtung im Kontinent bis hin zum Felsengebirge. Über Tausende von Kilometern galten die Delaware als „Großväter", „Brüder" und „Onkel", ohne daß ein Grund dafür erkennbar wird.

Das religiöse Leben dieses indianischen Volkes sammelte sich in der Kultfeier des Großhauses. Dieses Großhaus lohnt sich näher zu betrachten, denn sein Zeremoniell und mythische Begründung enthält

---

[53] Hibben: The lost Americans. 1. Aufl. 177ff.

eine Anzahl Angaben, die für unsere Gedankenkette außerordentlich wichtig sind[54].

Der Ritus lief ab in einem rechteckigen Giebeldachhaus, draußen auf einer Waldlichtung. Die Architektur besaß symbolische Hintersinnigkeit. Sie verkörperte nämlich den Kosmos: das Dach stand für den Himmel, der Fußboden für die Erde, die vier Wände für die vier Hauptrichtungen und Hauptseiten des Horizonts. Ein mächtiger Holzpfeiler in der Mitte, der den Firstbalken stützte, vertrat die Weltsäule, die Achse des Universums. Auf ihr ruhte die Hand des höchsten Wesens: Gischelemukaong „Der uns geschaffen hat".

Diese Weltabbildlichkeit deutet bereits auf den Sinn der Feier. Sie sollte die Welt in ihrer jetzigen Ordnung bewahren und erhalten. Alle Gebete, Traumzitate, Ansprachen dienten diesem Zweck: „Mögen wir gute Ernten haben und keine gefährlichen Stürme, Überschwemmungen und Erdbeben".

Der Ritus war nicht von ungefähr entstanden. Den Anstoß zu seiner Stiftung lieferte nach den Traditionen der Delaware eine urzeitliche Katastrophe, die unsere Welt vollständig aus den Fugen riß. Die regelmäßige Feier des Zeremoniells diente dazu, eine Wiederholung dieses Unheils zu verhindern und den Jahresablauf in seinem gewohnten Geleise festzuhalten.

Einer unserer indianischen Berichterstatter, Witapanochwe „Schreitet mit dem Tageslicht", faßte sein Wissen über diese Katastrophe in folgenden Sätzen zusammen. „Vor allen Dingen, wann begann eigentlich dieses Großhaus? Vor uralten Zeiten, im Anfang der Welt, wurde diese Feier den Delaware bekannt. Damals bebte die Erde im ganzen Lande, das die Delaware bewohnten. Selbst die Tiere gerieten in solchen Schrecken, daß sie nichts tun konnten, weil die Erde so gewaltig schüttelte. Lange Spalten öffneten sich. Jedermann verfiel in fassungslose Bestürzung. Und als ungeheure Klüfte sich auftaten, mit un-

---

[54] Zum Großhaus siehe Werner Müller: Die Religionen der Waldlandindianer Nordamerikas, 256 ff. Die wichtigsten Quellen verdanken wir Frank Gouldsmith Speck: A Study of the Delaware Indian Big House Ceremony. Harrisburg 1931. (Publications of the Pennsylvania Historical Commission vol. 2.). Derselbe: Oklahoma Delaware Ceremonies, Feasts and Dances. Philadelphia 1937. (Memoirs of the American Philosophical Society vol. 7.). Derselbe: The Celestial Bear Comes Down to Earth. Reading/Pa 1945. (Reading Public Museum and Art Gallery Scientific Publications vol. 7.)

meßbarer Tiefe in die untere Welt reichend, da stieg die Verwirrung aufs höchste. Selbst die Tiere waren so entsetzt, daß sie beteten. So heißt es wenigstens...

Während dieses Erdbebens drang lautes Krachen und Dröhnen aus der Tiefe. Staub und Rauch erhob sich, hier und dort quoll eine zähe, schwarze Flüssigkeit hervor, ähnlich wie Teer, und ergoß sich in die Risse. Und alles das geschah, als die großen Spalten sich im Boden öffneten, dort wo wir wohnten auf unserer Mutter Leib.

Als dann die Menschen zusammenkamen, da hieß es, die Delaware müßten beten. Denn es sah so aus, als wäre der Große Geist zornig auf sie und wolle sie das Fürchten lehren."

Ein weiterer indianischer Berichterstatter, Kwutschagikamen „Raschelnde Blätter beim Gehen", bestätigte die Überlieferung von dem Erdbeben als Anlaß des Großhauses. Die Delaware hätten außerdem eine Tradition gekannt, wonach ein Sternschnuppenregen herniedergegangen sei und ein Tornado gewütet habe. Das Ritual hätte den Sinn gehabt, den Zorn des Großen Geistes zu besänftigen und solche Unglücke abzuwehren. Das Großhaus sei deswegen mitunter auch außer der Reihe gefeiert worden nach Orkanen und Erdstößen.

Man muß bei diesen Berichten die Herkunft der Delaware beachten. Sie gehören einer Sprachgruppe an, die aus Kanada stammt, den Algonkin. Ein Teil dieser Leute sitzt noch in Labrador und westlich der Hudsonbai. Die Delaware wissen noch von dieser Herkunft. „Vor vielen, vielen Generationen kamen wir aus einem weit entlegenen Lande im Nordwesten und zogen durch ein Land mit Schnee und Eis, bis wir den Mississippi erreichten."[55]

Solche Berichte kann man nicht lesen, ohne der nacheiszeitlichen Katastrophe im Norden des Kontinents zu gedenken. Nur ein Ereignis von überweltlichen Ausmaßen vermag sich so tief einzugraben, daß von ihm ein neues Dasein, ein neuer Glaube, ein neuer Mythos ausgeht. Und in dem Dunst der Jahrtausende verbirgt sich ohne Zweifel eine geschichtliche Grundlage. Die Erinnerung daran dauerte deshalb bis heute, weil die Urvölker des Kontinents unbelästigt von

---

[55] Richard C. Adams: The Ancient Religion of the Delaware Indians. Washington 1904, 8. Das folgende Zitat „Gebt niemals das Großhaus auf" bei Mark Raymond Harrington: Religion and Ceremonies of the Lenape. Indian Notes and Monographs New York 1921, 151.

Weltgeschichten und Weltgerichten geologische Zeiträume dahinleben konnten, bis endlich die Zivilisation auch nach ihnen griff.

Noch eine zweite Erkenntnis entfließt dieser delawarischen Kultfeier. Sie gewährt uns einen Einblick in die Haltung, mit der die Altindianer den vulkanischen Kataklysmos hinnahmen. Sie müssen gesehen haben, wie die Tiervölker dahingemäht wurden und wie eine neue Welt aus Aschenregen, Lavaflüssen und Erdstößen auftauchte, eine ärmere Welt.

Die Delaware antworteten mit dem Ritus des Erhaltens und Bewahrens. „Gebt niemals das Großhaus auf, denn wenn ihr es tut, wird ein neues Erdbeben kommen oder sonst ein Unglück."

Das Großhaus erhält also Glück, Gesundheit und Wohlfahrt aller Stämme, es erhält darüber hinaus die Welt selbst, in jedem Falle *erhält es*. Mit Stolz sagen die Delaware, das Großhaus sei die höchste Stufe der Frömmigkeit im ganzen Kontinent, und möglicherweise liegt hier der Grund des allgemeinen Respekts, den dieser Stamm genoß.

In dieser erhaltenden, bewahrenden Haltung tönt natürlich die Vorstellung der Weltfamilie nach: die Delaware fühlten sich verpflichtet und verantwortlich für alle anderen Wesen. Sie empfanden die beiden Weltkriege als eine logische Folge der Aufgabe ihrer Kultfeier. Das Großhaus verschwand als lebendiger Ritus schon im vorigen Jahrhundert, und mit ihr fielen die Delaware aus ihrer Ordnung heraus.

Nicht zu übersehen ist noch ein weiterer Verband rein religiöser Art. Die Delaware stellen ihre „Antwort" unter das Bild eines höchsten Gottes mit Namen Gischelemukaong. Ihn soll der Ritus rufen, seinen Zorn soll die Feier besänftigen. An der Ursprünglichkeit dieser Gottesgestalt ist nicht zu zweifeln.

Diese erstaunliche Begegnung von delawarischem Mythos und erdgeschichtlicher Tatsache tritt in ihrer ganzen Würde hervor, betrachtet man die zweite Antwort der Uramerikaner auf die endeiszeitliche Katastrophe. Sie kommt von den Wabanaki, den „Männern des Morgenlichts", einer Algonkingruppe im atlantischen Neuengland zwischen Connecticut und Neuschottland.

Die genannte Algonkinabteilung besaß eine großartige Mythologie, von Stamm zu Stamm abgewandelt, doch in den Grundzügen allenthalben dieselbe. Dieser im Wort aufgespeicherte Reichtum übertrifft selbst hochgespannte Erwartungen. Die im 19. Jahrhundert gesammelten Texte füllen einen 500 Druckseiten starken Band[56].

Eine Riesenfigur von herkuleischem Ausmaß beherrscht die Wabanaki-Mythologien: Gluskap, der „Betrüger". Der Name soll sich auf den Listenreichen beziehen, der feindliche Anschläge mit tausend Kniffen zu vereiteln versteht. Das Lebenswerk des Heros ist eng an den Menschen gekoppelt. Er tritt als Vorkämpfer dieses Wesens ins Dasein; er rodet in dem urzeitlichen Urwald eine Lichtung, auf der seine „Tanten" und „Onkel" existieren können; er mordet die Ungeheuer der ältesten Schöpfung, um den Menschen vor ihren Angriffen zu schützen; von ihm stammt alle handwerkliche Geschicklichkeit, Jagderfahrung, Himmelskunde.

Die Wissenschaft hat diesem Wohltäter und Beschützer schon durch die Benennung den richtigen Platz angewiesen. Als Kulturheros, Heilbringer, Urheber, Umformer, Ordner bleibt er im engsten Verband mit dem heutigen Zustand der Erde. Er steht an der Wende zweier Epochen, denn sein Dasein trennt den Äon der Tiere von dem Äon des Menschen.

Zu Gluskaps größten Taten gehört die Beseitigung einer Anzahl gewaltiger Mammalia wie Riesenbiber, Riesenelch, Riesenbär, Riesenhase, und dazu noch eines Rüsselträgers, der kaum etwas anderes gewesen sein dürfte als das im Nordosten so verbreitete Mastodon, bzw. das Mammut in seinen verschiedenen Spielarten.

Die Forschung hat sich wiederholt dieser Frage zugewandt und festgestellt, daß hier tatsächliche Erinnerungen vorliegen, nicht Rekonstruktionen auf Grund von Knochenfunden[57]. Das mythische Ungeheuer mit langen Zähnen und einer langen Nase, die es bewegen und gebrauchen konnte wie der Mensch seinen Arm, dürfte eine Erinnerung an die amerikanischen Elefanten sein. Ein Beispiel dafür, in welche Tiefe das mythische Gedächtnis zurückreicht.

Aber einmal abgesehen von diesem besonderen Fall: man braucht sich unsere Liste der verschwundenen Riesentiere nur anzusehen, um

---

[56] Silas Tertius Rand: Legends of the Micmacs. New York and London 1894. Rand wirkte 40 Jahre lang unter den Neuenglandindianern, seine Sammlung erschien erst fünf Jahre nach seinem Tode.

[57] William Duncan Strong: North American Indian Traditions Suggesting a Knowledge of the Mammoth. American Anthropologist New Series vol. 36 (1934), 81-88.

der Verkoppelung des großen Täters mit dem eiszeitlichen Overkill sicher zu sein. Was verschwand, war die Megafauna, und eben die Großtiere werden von dem indianischen Herkules vernichtet. Es soll Platz werden für den Menschen, und diesen Platz schafft der gewaltige Totschläger.

Eine ganz andere Interpretation der Urgeschichte tut sich hier auf. Kein Wort von Bewahrung und Erhaltung, keine ehrfürchtige Hinwendung zu einem höchsten Wesen wie Gischelemukaong, vielmehr eine zustimmende Bejahung des Unheils, das dem mythischen Übermenschen als Heldentat zugeschoben wird.

Der Schöpfer hat sich in unendliche Ferne zurückgezogen, er fehlt bei den Wabanaki völlig. Herkules Gluskap ist an seine Stelle gerückt, das Zeitalter des Menschen bricht an, der Äon der Tiere versinkt.

Zum ersten Male erscheint der Nutzen des Menschen als oberster Wert. Ihm hat sich alles unterzuordnen. Die Auffassung der Wabanaki trägt europäische Züge. Ihre Erzählungen von der Heraufkunft eines handelnden, aktiven Wesens muten an wie eine Prophetie kommenden Unheils. Zum Glück für das indianische Amerika blieb alles im Gedanken, der Vollzug hat noch 10000 Jahre auf sich warten lassen.

Auch die Wabanaki mit ihrem großen Täter blieben an die allgemeine Mutter gebunden, bis der weiße Mann erschien. Er zerriß die Bindungen vollständig, erschlug die überlebenden Tiergeschlechter und machte damit endgültig Platz für den Menschen, der zwischen den wimmelnden Herden der Eiszeit ein unbeachtetes Dasein geführt hatte.

„SCHWÄTZT VOM HIMMEL –
IHR ENTWEIHT DIE ERDE!"

Stellt man die beiden Antworten des Indianers auf die pleistozene Katastrophe nebeneinander, die delawarische Bewahrung und den Totschlag des großen Täters bei den Wabanaki, so zeigen die Wabanaki-mythen, wie bereits gesagt, europäische Züge. Hier erscheint zum ersten Male jene Faustregel, die alle Urgeburten der Erde in den Bereich des „Bösen" verbannt, weil sie dem Menschen im Wege stehen. Alle die Drachentöter, Herkulesse, Gluskapverwandten, seither ungezählte Male in den Himmel erhoben als Vorkämpfer und Halbgötter, gelten für gut, anbetungswürdig, vorbildlich, ihre Opfer dagegen für böse, abscheulich, vertilgenswert.

Diese geistige Grundlage, im Kerne bereits die Rechtfertigung des menschlichen Wütens gegen die außermenschliche Lebewelt, glitt im indianischen Nordamerika niemals in die Praxis hinüber. Zahlreiche Mythologien kennen den großen Täter, aber nie diente sein Vorbild dem Indianer dazu, den Verband der Weltfamilie aufzusprengen. Der unbeeinflußte Jäger führte nicht die Keule des Herkules. Er beschränkte sich auf den notwendigen Bedarf. Eine von künstlichen Forderungen angefachte überzogene Anzapfung der Tier- und Pflanzenbestände kannte er nicht.

Der Mensch besitzt kein Recht, Boden, Wasser und Wald auszubeuten, er steht vielmehr auf einer Stufe mit Kaninchen, Hirsch und Mais; er muß sich einpassen; diese Lebensregel der Zuni gilt für sämtliche Urvölker des Kontinents[58]. Welches Gewicht die mythische Grundlegung des allein seligmachenden menschlichen Nutzens niederhielt und ihre Übertragung in die Praxis hinderte, wissen wir nicht. Der

---

[58] Werner Müller: Die Religionen der Indianervölker Nordamerikas. Stuttgart 1961, 232. (Die Religionen der Menschheit, hrsg. von Christel Matthias Schröder. Band 7.)

Zusammenhalt der Weltfamilie blieb in jedem Falle stark genug, den Ausbruch aus der Brüderlichkeit zu verhüten.

Trotzdem hat auch den Indianer eine Ahnung angeflogen, der Mensch stelle ein Verhängnis dar, sein Erscheinen begründe eine neue Epoche mit recht düsteren Wirkungen. An einer versteckten Stelle, in den Mythen der Winnebago am Michigansee, lesen wir die wahrhaft einmalige Mitteilung, die Mutter Erde habe gegen den Menschen von Anfang an Widerwillen gezeigt; sie habe ihn geradezu abgelehnt, und man hätte ihr immer wieder zureden müssen, dieses neue Wesen freundlich zu behandeln [59].

Der Leser erschrickt förmlich vor diesem entlarvenden Selbstverständnis. Hier dringt der Blick des indianischen Mythologen in Abgründe, denn Anfang und Ende greifen ineinander, mit der Verzwistung von Mensch und Erde bereits in Urzeiten. Einen Schritt weiter und der indianische Herkules taucht auf, noch ein Schritt, und der behaarte Mann aus dem Osten fällt über den Kontinent her mit seiner hirnlosen Zerstörungswut.

Wie gesagt, wir wissen nicht, welche Hemmungen den Indianer davor bewahrten, selbst zum Träger dieses Verhängnisses zu werden. Er blieb, trotz böser Ahnungen und trotz mythischer Vorbilder, ein Kind der Erde. Eine ausgewogene Erziehung verstand es offenbar, gewisse Grundeigenschaften des Menschen zu bändigen. Denn selbstverständlich kannte auch der Indianer den Erfolgsmenschen in Gestalt des tüchtigen Jägers. Doch die Achtung der Gemeinschaft, die Verleihung höchster Ehrentitel, das Aufsteigen zum „Vater" des Stammes – alles dies gewinnt der Tüchtige nur durch Freigiebigkeit. Kranken, Schwachen, Erfolglosen unter die Arme zu greifen, anderen abzugeben und mitzuteilen, eben dieses Hauptkennzeichen eines wahrhaft großen Mannes erzwingt die Stammessitte bei Strafe der Verfemung [60].

Ein Beispiel diene zur Erläuterung. Da fällt in einer Reservationsschule ein Kind auf, das von den anderen gemieden wird. Das Kind ist wie hundert andere auch, es zankt nicht, es ist kein Streber, es macht seine Aufgaben recht und schlecht. Weshalb wird es nicht be-

---

[59] Paul Radin: Winnebago Hero Cycles: A Study in Aboriginal Literatur. Supplement to International Journal of American Linguistic vol. 14 Nr. 3, 8 und 13. Baltimore 1948.

[60] Werner Müller: Glauben und Denken der Sioux, 321 f.

achtet? Nun, der Vater ist wohlhabend und fleißig, und er mehrt sein Bankkonto, ohne jemand auch nur einen Cent abzugeben. Damit gerät die Familie in den Bann, in den bürgerlichen Tod. Sie existiert innerhalb der indianischen Gemeinschaft einfach nicht mehr.

Man sieht, mit welchen Mitteln die Gruppe es verstand, den Deckel auf den überkochenden Topf zu drücken. Die ständigen Klagen der Reservationsbeamten, die Indianer verstünden die amerikanischen Ideale nicht, sie verkennten den Wert des Geldes, sie begriffen vor allem das Leistungsprinzip nicht, sind berechtigt. Es fragt sich nur, ob hier etwas Negatives getroffen wird. Unfraglich bleibt, daß die vita passiva des Indianers dem modernen Herkules ewig unterlegen ist.

Das Schicksal der amerikanischen Urvölker ist oft genug geschildert worden[61]. Übersehen wird meistens, daß hier ein Gesamtvorgang ablief und abläuft. Die Naturvölker, selbst ein Stück Natur, teilen das Schicksal von Pflanzen- und Tiergemeinschaften, von Seen und Flüssen, von Lößkrume, Kohle- und Erdöllagern: sie verschwinden und werden begraben unter einem Schlackenharst. Der Kontinent wird ausgeplündert bis hinunter auf die Gneis- und Granitschichten.

Wer auch nur einen flüchtigen Blick in die Kulturgeschichte der Vereinigten Staaten getan hat, kennt den puritanischen Geist, der von Neuengland her den Erdteil liquidiert hat. Jener grimmige, eisgraue, eiserne Geist, der unbeirrbar auf der Einbahnstraße seiner Selbstgerechtigkeit nach Westen vordrang, das Israel in der Wildnis, die Beauftragten des Herrn, die „diejenigen von der Erde vertilgten, die Böses taten.‟

„Amor vincet omnia‟ (Die Liebe besiegt alles), lautet der alte Wappenspruch Rhode Islands[62], doch der Roger Williams und William Penns gab es viel zu wenige. Ob diese Ausrottungen und Ausrodungen wirklich schicksalhaft eintreten mußten in einem Kontinent, der auf 19 Millionen 308 000 Quadratkilometern (ohne Grönland) noch nicht eine Million Indianer beherbergte, ob nicht mit Liebe und Ge-

---

[61] Als jüngste Veröffentlichung nenne ich Siegfried von Nostiz: Die Vernichtung des Roten Mannes. Düsseldorf 1970.

[62] Das Staatsmotto der beiden Gründungen auf der Insel Aquidnek in der Narragansetbai: Portsmouth und Newport. Sie gingen 1644 in dem größeren Rhode Island auf. Heutiger Wappenspruch Rhode Islands: „Hope‟.

duld ein anderer Weg hätte gefunden werden können -- dies ist heute
zweifelhafter denn je.

Der amerikanische Ethnologe Radin hat einmal gesagt, die Pilger-
väter seien nach ihrer Landung auf die Knie gesunken, und danach sei-
en sie über die Indianer hergefallen. Ergänzt man dazu die Pflanzen,
Tiere und Erdkrume, über die sie ebenfalls herfielen, so wird deutlich
der verwüstende Geist, der in noch nicht 200 Jahren dem schönsten
Kontinent der Erde die Haut abzog. Das Stigma des Schinders ist bis
heute geblieben, trotz aller sorgsam bewachten Naturschutzparks.

Der Schwede Sanderson bemerkt nach ausgedehnten Reisen im
Jahre 1959, ein schier lückenloser Abfallteppich beginne die USA zu
überziehen: Bierbüchsen auf den höchsten Gipfeln, verrostende Au-
tos in den entlegensten Mooren, Flaschen und Pappschachteln an jedem Wegrand, selbst in den südwestlichen Wüsten[63].

Man halte dagegen das Bild des Ohio in jenem Jahre 1769, da Daniel
Boone in das Land des grünen Rohrs eindrang. Wir erteilen noch einmal von Gagern das Wort[64]. „Ohio, der schöne Fluß, Strom des Para-
dieses. In machtvoll fürstlicher Ruhe gleitet der breite Flutspiegel
durch die feierlichen Urwälder dahin. Hunderte von Hirschen rinnen
mit silberpflügendem Kiel herüber, hinüber durch die heiligen Wasser;
Hunderte von friedlichen Bären kühlen sich am Ufer unterm Dach
der weitausladenden Sykomoren. Zehntausende von Enten treiben
mit dem sanften Gefäll, zehntausend brausen auf, wie Gewitterregen
rauscht es von ihren Schwingen. Selige Garteneilande träumen abend-
verklärt in der schimmernden Strömung, über ihnen schweben die
lichten Chöre der Reiher. Das war der Ohio. Der weiße Mensch hat ihn
zum Abwasser seiner Großschlächtereien und Aschenhalden, zur
Kloake schwarzer Eisenstädte, zur Gosse gemacht. Der weiße sogenannte zivilisierte Mensch, die Bestie. Nicht des Großen Geistes Kind,
der Indianer."

Die Schönheit Nordamerikas hat von eh und je selbst ungeübte
Schreiber in Rauschzustände versetzt. Man vernehme nur, welche
Sätze Henry Rowe Schoolcraft zum Preise des Oberen Sees findet.
Jahre hindurch hat er ab 1822 als Agent der Indianer im westlichen
Seengebiet seinem Lande gedient. Er erlebte also die riesigen Wasser-

---

[63] Nordamerika. Hamburg 1966, 6. (Knaurs Kontinente in Farben.)
[64] Das Grenzerbuch, 191.

becken noch so, wie sie aus der Eiszeit auftauchten, als kristallreines Element. Er schreibt in seinen Tagebüchern die folgenden Sätze über den Oberen See [65].

„Unermeßlichkeit ist der Ausdruck, der ihn mehr als alles andere charakterisiert. Oben schweben sonnenbeschienene Wolkentürme oder Wolkennebel – eine helle, reine, grenzenlose Wasserfläche – blaue Berge oder verschwimmende Inseln im Weiten – dort das grüne Laub der Küste – da die unendliche Seefläche. Das sind die hervorragenden Gegenstände, auf denen das Auge ruht. Wir werden durch fliegende Vögel gefesselt wie auf dem Ozean. Ein winziges Segel in der Ferne verrät ein Indianerkanu. Manchmal wirbelt an der Küste ein Rauch empor. Mitunter begegnet uns ein Indianerhändler mit dem Verdienst seines winterlichen Handels. Manchmal rauhen Vorboten eines Sturmes oder heftigen Windes den See auf. Plötzlich stimmen die Voyageurs eines ihrer Bootslieder an, einfach und melodisch. Der in Weiten verlorene Blick kehrt zurück, und das Herz wird wieder fröhlich."

Hier klingt jener Ton, der auch John Bartram in seinen Reiseberichten über Florida die Feder geführt hat und der dann gewaltig erbraust in den Hymnen der amerikanischen Naturmystiker oder wie man sie nennen will, allen voran Walt Whitman und Henry Thoreau. Es ist, als erhebe der Kontinent noch einmal seine Stimme, dieses Mal aus weißem Mund. Erstaunlich, daß diese Männer aus Neuengland stammen; noch erstaunlicher, daß ihr Leben in eine Zeit fällt, da die Kastanienwälder Neuenglands längst ihren letzten Schlaf als Schwellen unter den Eisenbahnschienen schliefen [66].

Ich glaube, ein Grashalm ist nicht geringer als das Tagwerk der Sterne,
Und die Ameise ist ebenso vollkommen, und ein Sandkorn und des Zaunkönigs Ei,
Und die Baumkröte ist ein Meisterstück des Höchsten,
Und Brombeerranken könnten die Hallen des Himmels schmücken!

---

[65] Personal Memoirs of a Residence of Thirty Years with the Indian Tribes on the American Frontiers. Philadelphia 1851, 352.

[66] Walt Whitman: Grashalme. Übertragen von Elisabeth Serelman-Küchler und Walther Küchler. Erlangen 1947, 66. In der Übersetzung von Johannes Schlaf, 83 f.

Und das schmalste Gelenk meiner Hand beschämt jedes Maschinen-
werk,
Und die Kuh, die gesenkten Hauptes wiederkäut, übertrifft jeg-
liches Bild,
Und eine Maus ist Wunders genug, Sextillionen von Ungläubigen
zu erschüttern.

Wo und wann ist jemals ein solcher Psalm auf die Erde angestimmt
worden? Wie oft beschworen diese Männer die Brüderschaft aller
Wesen, wie oft tauchten sie ein in die Gemeinschaft des Lebenden.
Geist von indianischem Geist spricht hier. Blitze zucken schon auf in
Emersons Tagebüchern[67].

„Ich fühle den Tausendfüßler in mir, wie Kaiman, Karpfen, Adler
und Fuchs. Merkwürdige Sympathien bewegen mich."

„Kommt heraus ... in die kalte, großartige Nacht, als Begleiter der
volle Mond in den Wolken, und ihr seid betroffen von der Poesie dieses
Wunders. Sogleich bleiben weit hinter euch zurück alle menschlichen
Beziehungen, Weib, Mutter und Kind, und ihr lebt nur mit der Wildnis – mit Wasser, Luft und Licht, mit Kohle, Kalk und Granit. Ich
werde zum feuchten, kalten Element. Natur wächst über mich her.
Frösche quaken, Wasser – weit weg – plätschern, dürres Laub rauscht,
Gras krümmt sich und raschelt, und ich bin gestorben für die Welt der
Menschen und fühle mehr und mehr eine seltsame, kalte, wässerige,
erdige, luftige, ätherische Verwandtschaft und Existenz. Ich säte Sonne
und Mond für künftige Geschlechter."

„Alle meine Gedanken sind Waldkinder. Ich habe kaum eine Stunde
der Versunkenheit, die nicht vom Hauch der Fichten berührt wird,
nicht in ihrem Schatten steht."

„Jeder poetische Geist ist heidnisch. Bis zum heutigen Tage zieht er
den Olympier Jupiter, Apollo, die Musen und die Schicksalsgöttinnen
allen barbarischen Unverdaulichkeiten Calvins und des Mittelalters
vor."

Ebenso laut und eindringlich tönt diese Urmelodie bei Henry Thoreau. „Ich bin nicht einsamer als eine einzelne Königskerze, als ein

---

[67] Ralph Waldo Emerson: Die Tagebücher. Ausgewählt von Bliss Perry. Stuttgart 1954, 67 (13. Juli 1833), 117 (11. Mai 1838), 145 (31. Januar 1841), 199 (27.
Oktober 1845).

Löwenzahn auf dem Wiesengrund, als ein Bohnenblatt, als Sauer-
ampfer, Pferdefliege oder Hummel. Ich bin nicht einsamer als der
Mühlenbach, der Wetterhahn, der Nordstern, der Südwind oder ein
Aprilschauer, ein Tautag im Januar, nicht einsamer als die Spinne im
neuen Haus."[68]

Mit Emerson befreundet, längere Zeit in dessen Hause in Concord,
lebte er über zwei Jahre – März 1845 bis September 1847 – einsam an
einem See in der Nähe jenes neuenglischen Städtchens, das durch die
Anwesenheit des Freundespaares zu einem amerikanischen Weimar
aufstieg. Die Schilderung jener Jahre in „Walden or the Life in Woods"
darf man zu den Grundbüchern der Menschheit rechnen. Thoreaus
Bedürfnislosigkeit ließ ihm Zeit genug, die Natur anzuschauen als
„selbstangestellter Inspektor der Schneestürme und Regenschauer".

Fast ebenso wichtig wurden seine drei Wanderfahrten durch die
Wälder von Maine (1846, 1853, 1857). Seine Berichte über diese Un-
ternehmungen in den „Maine Woods" gehören zu den unvergäng-
lichen Predigten über den Wald.

„Hier hatte Natur etwas Wildes und Entsetzliches, aber auch eine
herrliche Schönheit. Mit Ehrfurcht betrachtete ich den Boden, auf
den ich trat; welche Mächte mochten ihn geschaffen haben, seine
Form und Gestalt; welche Stoffe mögen sie zu ihrem Werk gebraucht
haben? Das war die Erde, von deren Geburt man uns erzählt hatte,
gewoben aus Chaos und Urnacht. Niemals gab es hier einen menschlichen Garten, nur unberührte Erde. Niemals gab es hier Rasen, Weide,
Wiese, Gehölz, Brache, Acker und Wüstenei. Hier war immer die
frische und natürliche Haut der Erde, für Ewigkeiten geschaffen."[69]

„Der Angloamerikaner kann natürlich alle diese wogenden Wälder
niederschlagen und ausroden; er kann dann von einem Stumpf her-
unter eine Wahlrede halten und inmitten der Zerstörung meinetwegen

---

[68] Henry David Thoreau: Walden oder Leben in den Wäldern. Übersetzt von
Wilhelm Nobbe. Jena 1922, 137.
[69] The Maine Woods. Riverside Press-Edition vol. 3, 94. Wie weit die Zeitgenossen von solchen Gedankengängen sich entfernt haben, gibt z. B. Marie Luise
Kaschnitz zu erkennen. In ihrer „Beschreibung eines Dorfes" erwägt sie auch,
daß „nach einer möglichen Katastrophe nahezu alles Leben erlischt und über der
Einöde des Tales die Wälder wieder zusammenwachsen, neue Urwälder mitten im
Tal" (55), allein schon vorher wehrt sie ab: „was aber nicht geschehen wird, nicht
geschehen wird, nicht geschehen wird." Es bleibt offensichtlich unvorstellbar,
daß es eines nicht zu fernen Tages doch geschehen wird.

60

für Buchanan votieren (1856); aber er vermag nicht den Geist des ge-
fällten Baumes zu erfassen. Er versteht nichts von der Poesie und
Mythologie, die zurückweichen, wenn er vorrückt. In seiner Dumm-
heit löscht er die mythischen Tafeln, um seine Reklame und Bekannt-
machungen darauf zu drucken. Noch bevor er sein ABC in diesem
herrlichen, geheimnisvollen Buch der Wälder gelernt hat..., haut er
sie nieder, zahlt seinen Kiefernschilling..., setzt eine Distriktschule
dahin und führt Websters ABC-Fibel ein."[70]

Nur die alte Menschheit paßt zu dem Planeten. „Die Erde war ein
Ort für Heidentum und Aberglauben; sie wurde bewohnt von Menschen, die den Felsen und Wildtieren näher verwandt waren als wir."

Schmerzhaft prägt sich unseren Naturmystikern das Wissen von
der Distanz ein. Bei allem Bemühen stehen auch sie draußen: sie sind
Beobachter, Entlassene, Verstoßene, kein Teil der Erde mehr wie die
Urvölker, Pflanzen- und Tiergeschlechter. Walt Whitmans Ruf „Gib
mir Einsamkeit, gib mir Natur, gib mir wieder, o Natur, deine Erst-
lingsfrische" ist ein Aufschrei. Und selbst Henry Thoreau, dessen
Blockhütte doch „an einer entlegenen, ewig jungen, jungfräulichen
Stätte des Universums lag", war überzeugt davon, daß die Natur keinen Einwohner habe, der sie zu würdigen wisse. Anders gewandt:
sobald man „würdigt", steht man schon draußen. „Naturgefühl" ist
bereits Entfernung, die Urvölker, die selbst ein Stück Natur sind,
„fühlen" Natur nicht.

An dieser Stelle wäre nun noch ein letzter Gedankengang anzu-
fügen. Wie man weiß, bemühen sich nicht unbedeutende Kräfte, eine
Ahnung des alten Zustandes von Welt und Menschen wiederherzu-
stellen. Man arbeitet daran, die Folgen des Ausgestoßenseins mit
Hilfe der „Wissenschaft" zu überwinden, bzw. dessen, was man unter
Wissenschaft versteht. Man sucht ein besseres Welt- und Menschen-
niveau herbeizuzaubern, nicht das mythische alte, sondern ein „wissen-
schaftlich" begründetes neues.

Ein utopischeres Mißverständnis hat es nicht gegeben, um das mindeste zu sagen. Denn die Wissenschaft ist ja selbst die äußerste Folge
der Isolierung. Mit ihrer Hilfe eine neue Welt- und Menschenfamilie
zu schaffen, gleicht dem Bemühen, sich am eigenen Zopfe aus dem

---

[70] The Maine Woods, 314. In der gestrafften Ausgabe von Lunt, London 1950,
sucht man diese Stelle vergebens. Das folgende Zitat 94 f.

[70] The Maine Woods, 314. Das folgende Zitat ebendort 94 f.

Sumpfe zu ziehen. Was sich seit der Renaissance in Europa als „Wissenschaft" herausgebildet hat, beflügelt nur die destruktive Tendenz des Europäismus.

Der Philosoph Karl Schlechta stellte neuerlich mit erstaunlicher Offenherzigkeit fest, im Auge der Gelehrsamkeit glühe nicht selten der böse Blick; eine Vorliebe für Desillusion, Zwang, Unerbittlichkeit, kalte Abschreckung und trockene Zurechtweisung ließe sich kaum leugnen; ein hämischer Zug entstelle ihren Mund[71].

Dieser Schluß, den Gelehrten als Vorkämpfer der Destruktion anzusehen („Was hat Naturwissenschaft noch mit Natur zu tun?"), stand den amerikanischen Naturmystikern längst vor Augen, als greller Erkenntnisblitz.

Hurra der positiven Wissenschaft! Lang lebe die exakte Forschung!
Hole Mauerpfeffer, gemischt mit Zedern -und Fliederzweigen.
Hier ist der Lexikograph; hier ist der Chemiker; hier der eine Grammatik aus alten Papyrusstreifen zusammenstellt,
Hier die Seeleute, die das Schiff durch gefahrvolle, unbekannte Meere steuern;
Hier der Geolog; hier der arbeitet mit dem Skalpell; und der hier ist der Mathematiker.
Meine Herren, euch allzeit die höchsten Ehren!
Eure Tatsachen sind nützlich, und doch sind sie nicht meine Wohnung...
Meine Worte erinnern weniger an wägbare Eigenschaften,
Sie erinnern mehr an das unaussprechliche Leben[72].

Der Strahl der Erkenntnis fällt nur auf tote Dinge. Das ist ein Verhängnis. Aber erschreckend bleibt diese Entfernung vom Leben. Man rufe sich ins Gedächtnis zurück den furchtbaren Brief, den Wilhelm von Humboldt am 12. November 1817 an seine Frau richtete, in dem er die Gelehrsamkeit seines Bruders Alexander charakterisierte und

---

[71] Karl Schlechta: Das Menschenbild des technischen Zeitalters in philosophischer Sicht. Universitas. Jg. 24 (1969), 86. Den Hinweis auf diese verräterische Stelle verdanke ich Otto Huth.

[72] Walt Whitman in der 23. Hymne vom Gesang von mir selbst. Übersetzung in der Insel-Bücherei Band 123, die beiden letzten Zeilen nach der Übertragung von Schlaf, 74.

weit mehr charakterisiert als den Bruder allein. „Er (Alexander) versteht nicht die Menschen, obgleich er immer mit ihnen lebt und sich sogar vorzugsweise mit ihren Empfindungen beschäftigt; nicht die Kunst, obgleich er alles Technische daran recht fertig versteht und ganz leidlich selbst macht; nicht – so kühn und schrecklich das zu sagen ist – die Natur, in der er täglich Entdeckungen macht."[73]

Bei Walt Whitman klingt das verhaltener, aber um so vernichtender. Bei ihm ist der Unterton der Verachtung unüberhörbar.

Als ich den gelehrten Astronom hörte,
Als die Beweise, die Ziffern, untereinander geschrieben, aufgereiht
waren vor mir,
Als er die Karten, die Diagramme mir zeigte, sie zu addieren, dividieren, sie zu vermessen,
Als ich auf meiner Bank den Astronom hörte, wie er unter stärkstem Applaus seine Vorlesung hielt,
Wie bald, ich weiß nicht warum, wurde ich müde und krank.
Und blieb's, bis ich aufstand, hinausschlich und davonging mir selbst
überlassen,
In die mystische, feuchte Nachtluft, und dann und wann
Aufschaute in tiefem Schweigen bis zu den Sternen.[74]

---

[73] Wilhelm von Humboldt: Sein Leben und Wirken, dargestellt in Briefen, Tagebüchern und Dokumenten seiner Zeit. Ausgewählt und zusammengestellt von Rudolf Freese. Berlin 1956, 778.
[74] Nach der Übertragung der beiden Küchler, 227 f. Walt Whitman wurde 1820 in Long Island geboren und starb 1892. Sein brausendes Amerikapathos („Pioniere, Pioniere!") ist nur aus der Situation seines Jahrhunderts zu begreifen, das den „Treibsand der Jahre" noch nicht sah. Resignierte Ahnungen mischen sich nur selten in seine hymnische Musik.

NACHWORT

Das Widmungsblatt nennt einen Mann, in dessen Hände ich diese Blätter am liebsten gelegt hätte. Aber seine Augen werden diese Seiten nicht mehr sehen: Ludwig Lauth, geistiger Weggefährte durch Jahre hindurch, ist im September 1969 dahingegangen. Er hatte gerade angefangen, die Garben seines Lebenswerks zu binden, als er die Arme sinken lassen mußte.

Sein pädagogischer Beruf band ihn an die Menschen seiner oberösterreichischen Heimat, an die Kinder ebenso wie an die Erwachsenen. Seine Felsbilderarbeit im Toten Gebirge und schließlich darüber hinaus im gesamten Alpenbereich verband ihn mit der geliebten Erde wie kaum einen.

Ludwig Lauth war vieles: ein Lichtbildner und Zeichner von hohen Graden, ein Gelehrter von peinlicher Gewissenhaftigkeit und nicht zuletzt ein Alleserspäher, der aus der Flut des Gedruckten mit Sicherheit das Wesentliche herausfischte. Man vergleiche den schönen Nachruf, den Ernst Burgstaller in den Oberösterreichischen Heimatblättern 1969 veröffentlichte.

Aber er war mehr als das, er war begnadet mit jenem Herzenstakt, der die Sprache von Pflanzen, Tieren und Landschaften versteht. Unter den Wahnvorstellungen der Zeit litt er aufs stärkste. „Die alten Häuser, die alten Bäume, die Wälder, die Geniste, alles Schöne und Bergende schwindet unaufhaltsam dahin" (Brief vom 12. April 1965).

Dem letzten Schreiben, das ich empfangen durfte, fügte er das Lichtbild eines Maßholders an, eines Felsenahorns. Der Baum stand neben dem Fußweg entlang dem Friedhof in Micheldorf. „Fast jeden Tag begrüßte ihn mein Auge, jetzt mußte er gefällt werden, um den Autoproleten einen Parkplatz zu schaffen. Der Mensch von heute kann nicht mehr zu Fuß zu seinen Toten gehen. Es schüttelt mich das

Grausen, wenn ich dies alles bedenke" (Brief vom 2. März 1969).

Diesen Mann nicht mehr unter den Lebenden zu wissen, ist schwer zu verwinden, noch schwerer zu begreifen. Und doch schwindet ein wenig von der dumpfen Trauer angesichts eines Wortes von Ralph Waldo Emerson, das er 1837 seinem Tagebuch anvertraute. "Als ich aufwachte, sagte ich mir, noch einige Male schlafen und erwachen, und ich liege auf dieser Matratze als Toter. Wo werde ich dann sein? Ich hob den Kopf und sah das reine, orangefarbene Morgenlicht, das von den dunklen Bergen her ins weite All strahlte."

Es war nicht zuletzt das Vorbild Ludwig Lauths, des lebenslang auch um Erwachsenenbildung Bemühten, das mich antrieb, aus zahlreichen wissenschaftlichen Büchern und Abhandlungen die Perlen herauszuholen. Wieviele einzigartige Aussagen liegen in den Katakomben der Gelehrsamkeit begraben, ohne je das Licht des Tages zu erblicken! Mit welcher Selbstverständlichkeit radebrechen Doktoren und Professoren ihr Rotwelsch, das kein normaler Mensch versteht. Wie selten berichten Zeitungsredaktionen über wissenschaftliche Entdeckungen, zu denen die Öffentlichkeit lediglich Milliardensummen beisteuern darf, ohne zu erfahren, wohin dieses Geld verträufelt und ob es Ergebnisse gezeitigt hat, außer dem üblichen Fortschritt, auf dessen Bahn angeblich die Wissenschaft dahineilt.

Wir leben heute unter dem Druck der allein seligmachenden Gegenwart. Ihre Wertungen, Urteile, Ansichten sind die richtigen. Vielleicht kommt nach der Lektüre dieser Blätter dem aufgeklärten Zeitgenossen eine Ahnung von dem Licht, das der ältesten Menschheit leuchtete und das auch unseren Pfad erhellen könnte, wollte man es nur sehen.

BIBLIOGRAPHIE

Bibliographie Dr. phil. habil. Werner Müller. Oberbibliotheksrat. Geboren 22. Mai 1907 in Emmerich am Rhein. Promotion 1930 Bonn, Habilitation 1942 in Straßburg. Anschrift: 74 Tübingen, Im Rotbad 20/2.
Die mit Sternchen versehenen Titel wurden durch Druckbeihilfen der Deutschen Forschungsgemeinschaft gefördert.

Monographien

Kreis und Kreuz. Untersuchungen zur sakralen Siedlung bei Italikern und Germanen. Berlin: Boß 1938. 118 S.
* Die blaue Hütte. Zum Sinnbild der Perle bei nordamerikanischen Indianern. Wiesbaden: Steiner 1954. 114 S. (Studien zur Kulturkunde Bd 12.)
* Weltbild und Kult der Kwakiutl-Indianer. Wiesbaden: Steiner 1955. VIII, 127 S. (Studien zur Kulturkunde Bd 15.)
* Die Religionen der Waldlandindianer Nordamerikas. Mit 15 Taf. und 31 Textabb. Berlin: Reimer 1956. 392 S.
Die heilige Stadt. Roma quadrata, himmlisches Jerusalem und die Mythe vom Weltnabel. Mit 54 Abb. im Text und 20 Taf. Stuttgart: Kohlhammer 1961. 304 S.
* Glauben und Denken der Sioux. Zur Gestalt archaischer Weltbilder. Mit 66 Abb. im Text und 5 Ktn. Berlin: Reimer 1970. XII, 413 S.

Beiträge

Die Religionen der Indianervölker Nordamerikas. In: Die Religionen des alten Amerika. Band 7 der „Religionen der Menschheit", hrsg. von Christel Matthias Schröder. Stuttgart: Kohlhammer 1961, Seite 171–267.
Französische Ausgabe Paris: Payot 1962, italienische Ausgabe Milano: Casa editrice Il Saggiatore 1966, englische Ausgabe London: Weidenfeld and Nicolson 1968.
Zum Mythologem des halben Menschen in Nordamerika. In: Festschrift für Ad. E. Jensen zu seinem 65. Geburtstag. München 1964, Seite 397–406.
The ‚Passivity' of Language and the Experience of Nature. A Study in the Structure of the Primitive Mind. In: Myths and Symbols. Studies in Honor of Mircea Eliade. Edited by Joseph Kitagawa and Charles H. Long. Chicago and London: University of Chicago Press 1969, Seite 227–239.

Übersetzungen

An Account of the Remarkable Occurences in the Life and Travels of Colonel James Smith, During his Captivity with the Indians, in the Years 1755, '56, '57, '58 & '59. Philadelphia 1831. Mit Einführung und Anmerkungen in neuer Übersetzung herausgegeben. Eddersheim: Interessengemeinschaft für Indianerkunde 1970. 110 S. (Kalumet-Sonderheft 3.)

Aufsätze in Zeitschriften

Die Kapelle von Drüggelte bei Soest. Germanien, Monatshefte für Germanenkunde 1937, 103–110, 137–142.

Kreis und Kreuz. Zur germanischen Quadrantensiedlung. Germanien 1939, 86–90.

Optische Sprachen und Religionswissenschaft. Studium Generale Jahrgang 10 (1957), 415–422.

Stufenpyramiden in Mexiko und Kambodscha. Bemerkungen zu einer ethnologischen Formel. Paideuma, Mitteilungen zur Kulturkunde Bd 5 (1958), 473–489.

Bild oder Begriff? Wiener Völkerkundliche Mitteilungen Jahrgang 9, Neue Folge 4 (1961), 57–61.

Von der Ohnmacht der Wörterbücher. Antaios Bd 3 (1962), 29–39.

Raum und Zeit in Sprachen und Kulturen Nordamerikas und Alteuropas. Anthropos Bd 57 (1962), 568–590.

Der Mythos heute und die Wissenschaft von gestern. Antaios Bd 4 (1963), 501–520.

Mazdak and the Alphabet. Mysticism of the East. History of Religions vol. 3 (1963), 72–82.

Ethnologie und Soziologie. Grundsätzliches zu drei Veröffentlichungen W. E. Mühlmanns. Anthropos Bd 59 (1964), 1–19.

Raum und Zeit bei den Maya. Stadtplan und Richtungskalender. Antaios Bd 6 (1964), 339–354.

‚Schwester Sonne und Bruder Mond'. Vom Naturgefühl. Antaios Bd 7 (1966), 528–536.

Erlebnis und Ergebnis: zur Selbstbesinnung der Ethnologie. Anthropos Bd 63 (1968), 83–96.

Die Pawnee in Nebraska. Lebensbild eines Naturvolkes. Antaios Bd 11 (1970), 412–439.

Neues von den vier Weltwinkeln. Antaios Bd 12 (1971), 473–481.

Für das Mitlesen der Korrekturen danke ich herzlich Herrn Hans Peter Büchs in Lorsbach/Ts. und Herrn Dr. Hans Kasdorf in Plön.

67